ERNÄHRUNGS-DOC
DR. MED. SILJA SCHÄFER

DER MEHR GEMÜSE MASTERPLAN

Unter Mitarbeit von Franziska Pfeiffer
und mit Rezepten von Inga Pfannebecker

Inhaltsverzeichnis

Die Symbole bei den Rezepten

- Vegan
- Vegetarisch
- Glutenfrei
- Laktosefrei
- Low Carb
- Meal Prep

Hinweis: Für den Gemüse-Masterplan brauchen Sie nicht auf gluten- und laktosehaltige Produkte zu verzichten. Die entsprechenden Symbole sind lediglich ein Service für Leser, die auf diese Nahrungsbestandteile achten müssen.

Mehr Gemüse, bitte!

Mehr Gemüse, Obst und andere pflanzliche Lebensmittel zu essen, ist ein sehr guter und weitverbreiteter Vorsatz. Doch vielen fällt es schwer, ihn auch tatsächlich umzusetzen. In meiner ernährungsmedizinischen Praxis in Kiel erlebe ich das fast jeden Tag: Meine Patientinnen und Patienten leiden unter Zivilisationskrankheiten, haben Schmerzen und Beschwerden. Viele fühlen sich müde, würden gerne ein paar überflüssige Pfunde loswerden und wieder mehr Energie haben. Wenn ich ihnen dann rate, ihre Ernährung schwerpunktmäßig auf pflanzenbasierte Lebensmittel umzustellen, also mehr Gemüse zu essen, heißt es schnell: „Aber das mag ich nicht.“ Das ist erst einmal verständlich, allerdings macht man es sich damit auch zu einfach. Zu meinen Erklärungen nicken die meisten verständnisvoll. Theoretisch wissen sie es längst: Äpfel und Kohlrabi sind besser als Fast Food, Gummibärchen und Tiefkühlpizza. Doch das allein reicht leider nicht. Die nächste Feststellung schließt sich fast automatisch an: „Ich weiß ja, dass ich auf diesem Gebiet etwas tun müsste, aber ich schaffe es einfach nicht.“

NEUE GEWOHNHEITEN ENTWICKELN

Keine Sorge, mit solchen Gedanken sind Sie nicht allein. Ich möchte Ihnen mit meinem Masterplan helfen, genau dieses Problem zu lösen. Daher gibt es neben allgemeinen Anregungen, wie Sie mehr Pflanzliches in Ihren Speiseplan einbauen können, ein eigens entwickeltes Programm mit Rezepten, mit denen Sie automatisch alles richtig machen und eine solide Basis für eine langfristige Ernährungsumstellung legen. Sie werden sehen: In diesen zwei Wochen wird es Ihnen an nichts fehlen. Im Gegenteil, Sie dürfen richtig genießen und werden schnell merken, dass die meisten unserer schlechten Essgewohnheiten einfach auf einem Mangel an Alternativen beruhen. Viele kennen nichts anderes als Marmeladenbrötchen zum Frühstück, Currywurst in der Kantine, Süßigkeiten als Snack und Butterbrote mit Salami zum Abendessen. Das wird sich in den nächsten Wochen ändern. Freuen Sie sich darauf!

DIE BUNTE VIELFALT MACHT'S

Damit Sie von einem optimalen Nährstoff-Mix profitieren können, sind mehr als 30 verschiedene pflanzenbasierte und möglichst bunte Lebensmittel pro Woche ideal. Das hört sich zunächst sehr viel an, ist mit meinem Masterplan aber nicht nur spielend leicht zu schaffen, sondern sogar noch zu toppen: In den beiden Masterplan-Wochen werden Sie jeweils 30 verschiedene Gemüsesorten essen – und dabei sogar mehr als 50 Pflanzenpunkte sammeln. Sie werden staunen, wie einfach das ist. Denn zu den pflanzlichen Lebensmitteln zählen eben nicht nur Kohl, Möhren, Spinat oder Äpfel, sondern auch Hülsenfrüchte, Vollkornprodukte, Pilze und Tofu sowie Nüsse, Kerne, Samen, Kräuter und Gewürze. Außerdem wichtig: Für eine gesunde Pflanzenküche müssen Sie weder Veganer werden, noch komplett auf alles verzichten, was Sie gerne mögen. Auf den Speiseplan dürfen sogar echte Genussmittel, sofern Sie sie richtig auswählen. Dazu gehören Kaffee und Kakao ebenso wie dunkle Schokolade.

PROFITIEREN SIE VON GESUNDEN PFLANZENSTOFFEN

Das wichtigste Ziel lautet langfristig: Essen Sie überwiegend vegetarisch, bunt, unverarbeitet und ballaststoffreich und profitieren Sie insbesondere von den sekundären Pflanzenstoffen, die uns gesund halten. Wenn diese fehlen und wir uns schlecht ernähren, vermehren sich unerwünschte Bakterien im Darm. Genauso gilt aber natürlich auch der Umkehrschluss: Wird der Darm mit den richtigen Dingen gefüttert, steigt die Anzahl der guten Mikroorganismen. Die Vielfalt des Mikrobioms verbessert sich und damit auch unsere Lebensqualität. Fangen Sie sobald wie möglich an, sich selbst gesünder und die Welt ein bisschen „grüner" zu machen!

Guten Appetit wünscht Ihre

Hauptsache bunt: Was Sie über pflanzliche Lebensmittel wissen sollten

Wirksame „Medizin“ gegen Schmerzen, Übergewicht und andere Zivilisationskrankheiten kommt auch aus der Natur. Ob Rosenkohl, Blaubeeren, Haferflocken oder Walnüsse: Pflanzliche Lebensmittel sind die wahren Stars in Sachen gesunde Ernährung. Neueste Studien zeigen zudem: Für die optimale Wirkung kommt es auf die Vielfalt an.

Mehr Gemüse essen! Das ist ein ausgezeichneter Plan. Gelingt Ihnen der erste Schritt in diese Richtung, ist der Startschuss für den Weg in ein gesünderes Leben gefallen. Ein bisschen näher sollten Sie sich mit dem Thema jedoch noch befassen: Denn ein paar Streifen Paprika in der Pastasauce oder ein Stück Tomate auf dem Sandwich sind zwar besser als nichts, reichen aber nicht aus, um gesundheitlich von der Kraft der Pflanzen zu profitieren. Gemüse und andere pflanzliche Lebensmittel sind das Beste, was Sie Ihrem Körper geben können. Dank ihrer sekundären Pflanzenstoffe unterstützen uns pflanzliche Lebensmittel im Kampf gegen ernährungsbedingte Stoffwechselkrankheiten wie Insulinresistenz, Bluthochdruck und schlechte Cholesterinwerte. Außerdem stärken sie das Immunsystem, halten uns länger jung, lindern Schmerzen und bremsen entzündliche Prozesse im Körper. Auch das Abnehmen gelingt mit pflanzlicher Kost meist leichter (siehe Seite 15). Zahlreiche Forschungen deuten darauf hin, dass es auf mehr ankommt als auf die bisher empfohlenen fünf Portionen täglich.

BUNT IST GESUND

Der britische Ernährungswissenschaftler Tim Spector verweist auf Daten aus der Epidemiologie, also der Wissenschaft, die sich mit der Häufigkeit und Verteilung von Krankheiten in der Bevölkerung befasst. Sie belegen, dass wir das Risiko für zahlreiche physische und psychische Erkrankungen mit der richtigen Ernährung um 70 bis 80 Prozent senken können. Spector kommt zu dem Schluss: „Wir sollten essen wie ein Gärtner.“ Statt auf die starke Wirkung einzelner Stoffe zu setzen, plädiert er für ein effektives Zusammenspiel stärkerer und schwächerer Stoffe. Denn die komplexen Kombinationen und Wechselwirkungen von Ballaststoffen, sekundären Pflanzenstoffen und Pflanzenproteinen machen das „grüne“ Essen einzigartig. Auch das Motto „Eat the rainbow“ macht deutlich, worum es geht: Bunt ist gesund. Ebenso wie wir eine ganze Palette an Vitaminen, Mineralstoffen und Co. brauchen, ist auch bei der Ernährung Vielfalt nötig: Alle Pflanzen haben ihre eigenen wertvollen Nährstoffe, sodass ein oder zwei Lieblingsgemüse allein nicht abdecken können, was unser Körper wirklich benötigt. Darauf basierend empfiehlt die Ernährungswissenschaft mittlerweile, pro Woche mindestens 30 verschiedene Pflanzen zu essen. Das hört sich zunächst recht viel und kompliziert an, ist aber zu schaffen, wenn man weiß, was alles zu den pflanzlichen Lebensmitteln gehört. Das sind nämlich nicht nur Gemüse und Obst, auch andere natürliche unverarbeitete Lebensmittel wie Hülsenfrüchte, Vollkornprodukte, Nüsse, Saaten, Samen, Pilze und nicht zuletzt Kräuter und Gewürze zählen ebenfalls dazu. Wenn Sie nach meinem Masterplan kochen, lernen Sie diese üppige pflanzliche Vielfalt auf genussvolle Weise kennen. Nicht zu vergessen: Süßes in kleinen Mengen ist durchaus erlaubt – etwa als frisches Obst oder in Form von dunkler Schokolade (mit mehr als 75 Prozent Kakaoanteil), denn auch die enthält sekundäre Pflanzenstoffe. Kaffeetrinker dürfen übrigens aufatmen. Das Kultgetränk ist – in Maßen und ohne Milch und Zucker genossen – ebenfalls gesund.

NICHT NUR VEGETARISCH

Eine pflanzenbetonte Ernährungsweise ist nicht automatisch gleichzusetzen mit veganer oder vegetarischer Ernährung. Sie können mit Gemüse, Obst und Co. zwar den gesamten Nährstoffbedarf abdecken, müssen deshalb aber nicht komplett auf Fleisch, Fisch und Milchprodukte verzichten. Es ist jedoch sinnvoll, die Mengen stark zu reduzieren und etwa nur einmal in der Woche unverarbeitetes Biofleisch zu essen, anstatt jeden Tag ein Steak oder eine Bratwurst auf den Teller zu bringen.

„FUTTER“ FÜRS MIKROBIOM

Bereits vor einigen Jahren veröffentlichten Forschende in Zusammenarbeit mit mehr als 10 000 „Bürgerwissenschaftlern“ aus den USA, Großbritannien und Australien das sogenannte American Gut Project, für das Freiwillige Auskunft über ihre Essgewohnheiten gaben und auch Stuhlproben zur Verfügung stellten. Dabei zeigte sich: Je mehr Pflanzen jemand isst, desto mehr nützliche Bakterien entstehen und desto vielfältiger wird das Darmmikrobiom. Dieser „Mikrokosmos“ in unserem Darm, der aus Billionen winzig kleiner Mikroben besteht, wird inzwischen mehr und mehr wie ein eigenes Organ gesehen, das offenbar darüber bestimmt, wie gesund wir sind, ob und wie wir unser Gewicht im Griff behalten, wie schnell Entzündungen im Körper entstehen, ob wir unter Heißhunger leiden oder nicht – und schließlich sogar darüber, wie lange wir leben. Mit dem Älterwerden nimmt die Bakterienvielfalt ab. Damit steigt die Anfälligkeit für Krankheiten. Während schlechtes Essen unerwünschte Bakterien produziert, vermehren sich die erwünschten kleinen Darmbewohner schneller und stärker, wenn wir uns gesund ernähren. Gute Bakterien ziehen wertvolle Nährstoffe aus der Nahrung, unterstützen den Stoffwechsel, produzieren wichtige Vitamine und Mineralstoffe und bekämpfen zugleich ihre schlechten Artgenossen. Welche Macht sie über unseren Organismus haben, wurde in der Wissenschaft lange Zeit nicht gesehen. Daher ist es höchste Zeit, sie angemessen zu „füttern“.

NUR DIE BESTEN INHALTSSTOFFE

Mit das Wertvollste, mit dem Sie Ihre guten Darmbakterien versorgen können, sind Gemüse, Obst und Co. Diese enthalten für den Körper lebenswichtige Stoffe, darunter auch solche, die man in keiner anderen Lebensmittelgruppe findet: Ballast- und sekundäre Pflanzenstoffe.

BALLASTSTOFFE

Zum Glück reagiert der Darm sehr schnell auf besseres „Futter“. Wer seine Ernährung umstellt, der kann innerhalb von wenigen Tagen bereits positive Veränderungen verbuchen. Dafür braucht der Körper vor allem Ballaststoffe. Diese stecken in Vollkorngetreide und -produkten, Hülsenfrüchten, Gemüse, Pilzen, Obst, Nüssen und Samen – kurz in all dem, was auch beim Mehr-Gemüse-Masterplan zählt. Die Pflanzenfasern sorgen mit für ein gutes Sättigungsgefühl. Sie verhindern daher Heißhungerattacken und erleichtern das Abnehmen. Außerdem stabilisieren sie den Blutzucker, schützen das Immunsystem und unser Herz. Deshalb gilt als Empfehlung für Erwachsene, täglich 30 bis 40 Gramm Ballaststoffe aufzunehmen. Man unterscheidet zwischen löslichen und unlöslichen Ballaststoffen: Die löslichen Ballaststoffe lösen sich in Wasser und bilden Gele. Im Dickdarm dienen sie Bakterien als Nahrung. Die unlöslichen quellen im Darm auf, vergrößern das Stuhlvolumen und regen so die Verdauung an. Damit sie optimal wirken können, ist es wichtig, ausreichend zu trinken (siehe Seite 35). Zu den wichtigsten Ballaststoffen gehören:

• Inulin

Der wasserlösliche Faserstoff verhindert Heißhunger, unterstützt die Darmgesundheit, fördert die Verdauung, wirkt gegen Verstopfungen und hilft beim Abnehmen. Er steckt unter anderem in Zwiebelgewächsen, Brokkoli, Rüben, Artischocken, Chicorée und Topinambur. Inulin gilt als natürlicher Zuckerersatz, senkt die Blutfettwerte und stärkt das Immunsystem. In den Knochen fördert der Ballaststoff die Aufnahme von Kalzium und Magnesium, was insbesondere bei Osteoporose wichtig ist. Auf Lebensmitteln, denen Inulin zugesetzt wurde (wie Müslis und Fruchtsäften), sollten Sie bei einer ausgewogenen, ballaststoffreichen Ernährung mit viel Gemüse verzichten.

• Pektin

Es gehört ebenfalls zu den löslichen Ballaststoffen und kommt in vielen Früchten vor, vor allem in den Schalen von Zitrusfrüchten.

Wunderwerk Mikrobiom

Die Vielfalt aller Darmbakterien spielt eine Schlüsselrolle, wenn es um unsere Gesundheit geht. Lesen Sie hier verblüffende Fakten über das Mikrobiom. Hätten Sie zum Beispiel gewusst, dass ...

- ... im Mikrobiom etwa 100 Billionen winzige Mikroorganismen unermüdlich im Einsatz sind und uns gesund halten, wenn wir sie mit der richtigen Ernährung gut pflegen?

- ... der Darm ein eigenes Nervensystem hat und wegen seiner Verbindung zur Gefühlswelt eines Menschen auch „zweites Gehirn" genannt wird?

- ... die Darmschleimhaut sich mit vielen kleinen Ausstülpungen über eine Fläche von 300 bis 500 Quadratmetern erstrecken würde, wenn man sie auseinanderfalten könnte?

- ... das Mikrobiom in seiner ganzen Vielfalt fast zwei Kilo auf die Waage bringt?

- ... ein Großteil unseres Immunsystems im Verdauungstrakt sitzt? Bis zu 80 Prozent der Immunzellen befinden sich dort. Der Darm ist damit das größte Organ der körpereigenen Abwehr.

- ... manche Darmbakterien komplexe Kohlenhydrate aus Ballaststoffen so verstoffwechseln können, dass wir in Sachen Gesundheit davon profitieren?

- ... das Mikrobiom in der Lage ist, bestimmte Vitamine (wie beispielsweise Folsäure und Vitamin K) selbst zu bilden? So gibt es uns während des Verdauungsprozesses noch einen zusätzlichen wertvollen Vitaminschub.

- ... Stress, Ängste, dauerhafte Anspannung, schlechter Schlaf und andere psychische Belastungen das Mikrobiom aus dem Gleichgewicht bringen können?

- ... das Mikrobiom keine Antibiotika mag? Schon geringe Mengen und seltene Einsätze haben unerwünschte Nebenwirkungen und können das Risiko für entzündliche Darmerkrankungen erhöhen.

- ... der Darm sich freut, wenn Sie gründlich kauen? Je intensiver die Nährstoffe bereits im Mund zerlegt werden, desto besser kann das Mikrobiom sie aufnehmen.

- ... gute Bakterien bei Adipositas, Diabetes und entzündlichen Darmerkrankungen verloren gegangen sind? Solche Krankheiten können Ursache und Folge einer Mikrobiomstörung sein.

Es hilft, den Blutzuckerspiegel zu stabilisieren und den Cholesterinspiegel zu senken. Als Geliermittel und Ersatz für tierische Gelatine ist Pektin bei Veganern sehr beliebt. In Lebensmitteln wirkt es als Verdicker, im Körper bekämpft es Entzündungen.

• Beta-Glucan

Beta-Glucan steckt vor allem in Hafer und Gerste. Der lösliche „Superballaststoff" ist in der Lage, den Cholesterinspiegel zu senken und die Herzgesundheit zu verbessern. Beta-Glucan kann viel Wasser binden und dadurch das Volumen einer Mahlzeit erhöhen. So werden Nährstoffe langsamer resorbiert und halten uns länger satt. Der Blutzuckerspiegel steigt nicht so stark an und es wird weniger Insulin ausgeschüttet.

Was sind Prä- und Probiotika?

Präbiotika sind bestimmte lösliche Ballaststoffe (wie etwa Inulin), die den Bakterien im Dickdarm als Nahrung dienen und dadurch die gesunde Vielfalt des Mikrobioms fördern. Sie stecken unter anderem in Knoblauch, Zwiebeln, Hafer, Hülsenfrüchten, Artischocken, Schwarzwurzeln und Topinambur. Auch Probiotika haben eine positive Wirkung auf die Darmmikroben. Sie stärken die Barrierefunktion des Darms und helfen im Kampf gegen Krankheitserreger. Zu den Probiotika gehören zum Beispiel Hefe oder Milchsäurebakterien, also kleine Organismen, die lebend in den Darm gelangen und dort Gutes tun. Sie finden sich vor allem in milchsauren und fermentierten Lebensmitteln wie etwa Kefir, Joghurt, Käse, Sauerkraut, Miso oder Kimchi.

• Zellulose

Dieser unlösliche Ballaststoff findet sich in vielen pflanzlichen Lebensmitteln wie Vollkornprodukten, Gemüse und Obst. Zellulose unterstützt die Verdauung und fördert die Darmgesundheit. Sie wirkt gegen Entzündungen und trägt dazu bei, ein viefältiges Darmmikrobiom aufzubauen.

• Lignin

Ähnlich wie Zellulose wirkt auch dieser unlösliche Ballaststoff vorbeugend gegen Verstopfung. Lignin kommt in Gemüse, Nüssen, Getreideschalen, Samen und Obstkernen vor. In Kombination mit ausreichend Flüssigkeit quillt es im Magen auf, verhindert Heißhunger und verstärkt die Sättigung.

• Resistente Stärke

Dieser besondere Ballaststoff entsteht, wenn Nudeln, Reis und Kartoffeln nach dem Garen mindestens 12 Stunden abkühlen können. Dabei verändert ein Teil der enthaltenen Kohlenhydrate seine chemische Struktur. Die Enzyme im Dünndarm können die resistente Stärke nicht verdauen – sie wandert weiter in den Dickdarm, wo Bakterien sie unter anderem zu der gesunden Fettsäure Butyrat abbauen. Diese fördert nicht nur ein gesundes Mikrobiom, sondern wirkt auch entzündungshemmend und sorgt dafür, dass die Insulinausschüttung nach einer Mahlzeit geringer ausfällt (siehe Seite 37). Kichererbsen und Linsen enthalten von Natur aus resistente Stärke.

VITAMINE

Der Allrounder unter den Vitaminen ist Vitamin C, das sich als Radikalfänger auszeichnet, den Stoffwechsel ankurbelt, die Wundheilung fördert und das Immunsystem stärkt. Vitamin E schützt vor den Folgen von oxidativem Stress, während Beta-Carotin, die Vorstufe von Vitamin A, wichtig für Augen, Haut und Schleimhäute ist. Das sogenannte Sonnenvitamin D stärkt Knochen und Zähne; der Körper kann es im Sonnenlicht selbst bilden. Für die Blutbildung und -gerinnung ist Vitamin K von großer Bedeutung. Acht verschiedene B-Vitamine steuern vor allem den Stoffwechsel, die Hormonbildung und das Nervensystem.

MINERALSTOFFE

Auch Mineralstoffe tragen maßgeblich zu einer gesunden Ernährung bei. Sie liefern zwar keine Nahrungsenergie, sind aber trotzdem lebensnotwendig. Kalzium ist beispielsweise für den Aufbau von Knochen und Zähnen, insbesondere bei Kindern, wichtig. Kalium spielt bei der Regulierung des Blutdrucks und des Wasserhaushalts eine entscheidende Rolle. Ein ebenfalls wichtiger Mineralstoff ist Magnesium, das unter anderem das Herz stärkt und die Kommunikation zwischen Nerven und Muskeln fördert. Phosphor hat einen Anteil an der Energiegewinnung und an der Regulation des Säure-Basen-Gleichgewichts.

Was sind eigentlich Antioxidanzien?

Durch Entzündungen, aber auch durch schädliche Einflüsse von außen wie Abgase, Zigarettenrauch, Alkohol, UV-Strahlung oder schlechte Ernährung werden im Körper sogenannte freie Radikale gebildet. Nehmen sie überhand, bezeichnet man das als oxidativen Stress, durch den schließlich zahlreiche Zellstrukturen beschädigt werden. Die Folge: Wir werden anfälliger für Krankheiten, altern früher und schneller und das Krebsrisiko steigt. Bestimmte Moleküle in der Nahrung, die Antioxidanzien, wirken dem entgegen. Deshalb ist es wichtig, sie in ausreichenden Mengen zu sich zu nehmen. Nur so kann das Immunsystem die Attacken der freien Radikale abwehren und die Balance wiederherstellen. Frisches farbenfrohes Obst und vor allem Gemüse sind die besten Lieferanten für Antioxidanzien.

SPURENELEMENTE

Davon braucht der Körper nicht viel, aber für den Stoffwechsel sind Spurenelemente unentbehrlich. Die anorganischen Substanzen finden sich in tierischen und pflanzlichen Lebensmitteln. Dazu zählen Eisen, Fluorid, Zink, Kupfer und Jod. Als Baustein des roten Blutfarbstoffs ist Eisen aus pflanzlichen Lebensmitteln für Vegetarier besonders wichtig, da der Körper es schlechter aufnimmt als aus tierischen. Fluorid stärkt den Zahnschmelz und wirkt vorbeugend gegen Karies. Zink gehört zu den essenziellen Spurenelementen;

wir müssen es regelmäßig mit der Nahrung aufnehmen, um etwa das Zellwachstum, bestimmte Stoffwechselvorgänge und die Wundheilung zu fördern. Mit Kupfer werden wir über die Nahrung, die Luft und das Trinkwasser normalerweise ausreichend versorgt. Ohne Kupfer würden elementare Prozesse im Körper gestört. Das lebensnotwendige Spurenelement Jod benötigen wir vor allem für die Schilddrüse, aber auch für die Knochen und für die Entwicklung des Gehirns. Der Bedarf lässt sich in der Regel mit einer ausgewogenen Ernährung decken.

SEKUNDÄRE PFLANZENSTOFFE

Diese Stoffe finden sich nur in pflanzlichen Lebensmitteln. Sie haben eine ganze Reihe von gesundheitsfördernden Eigenschaften. Teilweise wirken sie ähnlich wie Vitamine. In der Natur dienen sie Pflanzen unter anderem zum Schutz vor UV-Strahlung und Pilzbefall, zur Abwehr von Fressfeinden oder zum Anlocken von Insekten. Das Geheimnis der Pflanzenstoffe ist noch lange nicht vollständig erforscht; bisher sind etwa 30 000 bekannt. Sie werden, je nach Bedeutung für die Pflanzen, in verschiedene Gruppen eingeteilt:

- **Carotinoide und Terpene**

Sie haben einen vorbeugenden Effekt gegen Krebserkrankungen, unter anderem der Prostata. Auch gegen die Augenkrankheit grauer Star (medizinisch Katarakt) und zu hohe Cholesterinwerte haben sie Potenzial. Außerdem stimulieren sie die körpereigene Abwehr. Um davon zu profitieren, sollten Sie Ausschau nach Zitrusfrüchten und roten, orangefarbenen oder grünen Gemüsesorten halten.

- **Flavonoide**

Diese Pflanzenstoffe stecken in dunklen Beeren, Trauben, Zitrusfrüchten, grünem und rotem Gemüse und in Kakao. Sie schützen das Herz-Kreislauf-System, stärken gegen Stress und wirken vorbeugend gegen Krebs. Flavonoide haben entzündungshemmende und gefäßerweiternde Eigenschaften, mit denen sie unter anderem hohen Blutdruck senken, das Immunsystem pushen und unerwünschte Bakterien bekämpfen.

- **Glucosinolate**

Sie können ebenfalls vor Krebserkrankungen schützen, senken hohe Cholesterinwerte und helfen gegen Erkältungen. Außerdem regulieren sie den Blutzuckerspiegel und entlasten den Stoffwechsel. Glucosinolate sind die Vorstufe von Senfölen, die etwa Kohl und Rettich ihren scharfen Geschmack verleihen.

Phenole und Phenolsäuren

Beide schützen vor Immun- und Herz-Kreislauf-Erkrankungen und helfen, hohe Blutdruckwerte zu senken. Außerdem werden ihnen krebshemmende Eigenschaften zugeschrieben. Gute Nachricht für Kaffee- und Teetrinker: In beiden Getränken sind diese wertvollen Stoffe enthalten. Sie stecken zudem in roten und dunklen Beeren, in Zitrusfrüchten sowie rotem und grünem Gemüse.

Phytoöstrogene

Ihnen wird eine krebshemmende Wirkung insbesondere bei Brustkrebs nach den Wechseljahren nachgesagt. Sie haben verschiedene Fähigkeiten und sind unter anderem in der Lage, freie Radikale abzufangen und oxidativen Stress (siehe Kasten Seite 11) zu lindern. Enthalten sind die Planzenhormone vor allem in Hülsenfrüchten wie Bohnen, Linsen und Sojabohnen sowie Sojaprodukten.

Phytosterine

Diese Stoffe sind Bestandteile der pflanzlichen Zellwände. Sie kommen vor allem in fettreichen pflanzlichen Lebensmitteln vor und wirken gegen Herz-Kreislauf-Erkrankungen sowie hohe Cholesterinwerte. Wer ausreichend Nüsse, Samen (wie Sonnenblumenkerne, Sesam oder Soja), native Pflanzenöle (Soja-, Mais- oder Rapsöl) und Hülsenfrüchte isst, kann davon profitieren.

Sulfide und Saponine

In Sachen Gesundheit sind sie die Allrounder unter den sekundären Pflanzenstoffen. Sie können Bluthochdruck und erhöhte Cholesterinwerte senken, gegen Krebs vorbeugen, die Gefäße erweitern, freie Radikale abfangen und das Immunsystem anregen. Zudem haben sie antibakterielle Eigenschaften und schützen vor Infektionen. Sie finden sich in Lauch, Zwiebeln, Knoblauch und Hülsenfrüchten wie Erbsen, Bohnen, Sojabohnen und Linsen. Saponine dienen als Bitterstoffe, Sulfide sind Duft- und Aromastoffe.

Die Planetary Health Diet

Ausgewogen essen und den Planeten schützen – das funktioniert mit einer pflanzenbasierten Ernährung ausgezeichnet. Die EAT-Lancet-Kommission, eine Gruppe von Forschenden aus 16 Ländern, hat dafür die sogenannte Planetary Health Diet entwickelt, einen flexiblen Ernährungsplan für die Zukunft. Die Basis dafür sind pflanzliche Lebensmittel – vor allem Gemüse – mit einem geringen Anteil an Fleisch, Fisch, Eiern und Milchprodukten. Dadurch werden unter anderem weniger begrenzte Ressourcen wie Wasser und Energie verbraucht, der CO_2-Ausstoß wird verringert, die Erderwärmung aufgehalten und der Klimaschutz verbessert. Von dieser Ernährungsweise profitiert also nicht nur Ihre persönliche Gesundheit, sondern der gesamte Planet. Noch mehr können Sie tun, indem Sie möglichst oft zu regionalen Lebensmitteln aus biologischem Anbau greifen und Lebensmittelverschwendung vermeiden.

Die Heilkraft der Pflanzen

Ob Diabetes Typ 2, Darmbeschwerden, Herz-Kreislauf-Erkrankungen oder Krebs: Wenn es darum geht, die großen Zivilisationskrankheiten zu bekämpfen oder sich vor ihnen zu schützen, spielen Gemüse und Co. eine entscheidende Rolle. Lesen Sie hier, welche Krankheiten vor allem mit unserem Essen zusammenhängen.

HERZ-KREISLAUF-ERKRANKUNGEN

Um alle Organe und Gewebe laufend über das Blut mit Sauerstoff und Nährstoffen zu versorgen, muss unser Herz viel leisten. Gleichzeitig ist es anfällig für Krankheiten. Das fängt bei Bluthochdruck an, führt über Gefäßverkalkungen und Herzschwäche bis zum Infarkt oder Schlaganfall. Noch immer sind koronare Erkrankungen die häufigste Todesursache. Ob Sie noch gesund sind oder schon unter Herz-Kreislauf-Problemen leiden – eine pflanzenbasierte Ernährung kann das Risiko enorm senken.

DARMBESCHWERDEN

Bauchschmerzen, Blähungen, Verstopfung oder Durchfall – wenn der Bauch verrückt spielt, ist das äußerst unangenehm. Insbesondere die Ballaststoffe aus pflanzlichen Lebensmitteln können dem Darm und vor allem den guten Darmbakterien helfen. Aber Vorsicht: Wenn Sie noch nicht an Gemüse gewohnt sind, kann es den Darm anfangs überfordern. Dann sollten Sie Ihre Ernährung nur langsam umstellen und zunächst eher auf leichte Gemüsesorten wie etwa Salat, Sprossen, Gurken oder Möhren setzen als auf Hülsenfrüchte und Kohl.

DIABETES TYP 2

Die Zuckerkrankheit ist weiter auf dem Vormarsch, allein in Deutschland sind mittlerweile etwa acht Millionen Menschen betroffen. Übergewicht und eine falsche Ernährung mit zu viel Zucker und zu viel schnell verdaulichen Kohlenhydraten sind dafür die Hauptursachen. Trotzdem gibt es eine sehr gute Nachricht: Die Volkskrankheit Diabetes Typ 2 ist in den meisten Fällen heilbar – und zwar über einen gesünderen Lebensstil, vor allem in Sachen Ernährung. Hier können Gemüse und andere pflanzliche Lebensmittel regelrecht zu Lebensrettern werden.

SCHWACHES IMMUNSYSTEM

Unser Immunsystem ist ein sehr komplexes Netzwerk, das sensibel auf äußere Einflüsse reagiert. Um die körpereigene Abwehr zu stärken, sind Gemüse und Obst die beste Wahl. Beides ist reich an Vitaminen, sekundären Pflanzenstoffen, Mineralien und Spurenelementen, die die Immunzellen auf Zack bringen. Hochwertiges Eiweiß aus Hülsenfrüchten und gesunde Fette aus pflanzlichen Ölen ergänzen die Immunbooster. Vor allem Vitamin C bekämpft Entzündungen und freie Radikale, die die Zellen angreifen.

KREBS

Eine ausgewogene Ernährung, normales Gewicht und möglichst keinen Alkohol – so lautet die präventive Formel, um das Krebsrisiko zu senken. Der Grund: Es gibt Stoffe, die das Wachstum von Krebszellen fördern, und andere, die es eindämmen. Der europäische Kodex zur Krebsbekämpfung gibt eine klare Empfehlung: reichlich Gemüse, Vollkornprodukte, Hülsenfrüchte und Obst, dagegen wenig rotes und industriell verarbeitetes Fleisch, Salziges und Kalorienreiches mit viel Fett und Zucker. Die Ernährung wird insbesondere mit Darm-, Lungen-, Speiseröhren-, Magen-, Nieren-, Blasen-, Brust- und Prostatakrebs in Verbindung gebracht.

DEPRESSIONEN

Jeder vierte Erwachsene in Deutschland hat mit psychischen Erkrankungen zu kämpfen. Ein Fünftel aller Bürger hat mindestens einmal im Leben eine depressive Episode (zeitlich begrenzte Phase). Die Zahl steigt ständig. Wer unter Ängsten und Depressionen leidet, hat oft keine Kraft mehr, um sich gesundes Essen zuzubereiten. Als Folge fehlen dem Körper wichtige Nährstoffe. Es kommt leichter zu unterschwelligen Entzündungen, die durch medikamentöse Therapien häufig noch verschlimmert werden. Eine pflanzenbasierte Ernährung kann hier stimmungsaufhellend wirken und gilt Studien zufolge als eine wichtige Säule der Behandlung. Gesunder „Seelentrost“ auf Pflanzenbasis (etwa Nüsse, Trockenfrüchte oder dunkle Schokolade) helfen, dunkle Tage besser zu überstehen.

ALZHEIMER

Mit dem richtigen Speiseplan Alzheimer „wegessen“? Das funktioniert leider nicht. Dennoch gibt es einen Zusammenhang zwischen der Ernährung und der gefürchteten Alterskrankheit. Vor allem ballaststoffreiche Kohlenhydrate, Proteine und hochwertige Fettsäuren liefern dem Gehirn Energie. Gemüse und Obst enthalten viele Polyphenole, die den Energiestoffwechsel verbessern und so das Gehirn auf Trab bringen. Geistige Leistungen lassen vor allem bei älteren Menschen schnell nach, wenn sie nicht genug trinken. Daher ist es besonders wichtig, regelmäßig Flüssigkeit aufzunehmen. Ansonsten gilt als Faustregel: Alles, was dem Körper guttut, ist auch fürs Köpfchen ein Segen.

ÜBERGEWICHT

Pflanzliche Ernährung beeinflusst auch unser Essverhalten, vor allem den Appetit. Das hat nicht nur damit zu tun, dass die in ihnen enthaltenen Ballaststoffe für ein längeres Sättigungsgefühl sorgen. Sie können über das Mikrobiom auch bewirken, dass der Bauch Botschaften ans Gehirn schickt, die uns dazu bringen, weniger zu essen. Der Hintergrund: Stoffwechselprodukte der guten Darmbakterien wie kurzkettige Fettsäuren können die Blut-Hirn-Schranke überwinden. Im Darm gebildete Botenstoffe „funken“ über den Vagusnerv Signale nach oben. Studien haben gezeigt, dass präbiotische Ballaststoffe das Belohnungssystem im Gehirn dämpfen, wodurch die Lust auf Süßes und Fettiges nachlässt.

EAT THE RAINBOW

Dieses Motto ist eine schöne Metapher für eine gesunde, überwiegend pflanzliche Ernährung. Sie haben damit eine Faustformel für die perfekte Zusammenstellung von Lebensmitteln an der Hand. Lassen Sie sich vom Regenbogen animieren, um jeden Tag möglichst viel Frisches in verschiedenen Farben auf den Speiseplan zu bringen.

Nehmen Sie sich vor, möglichst täglich einen Regenbogen zu essen. Also zum Beispiel blaue Beeren, grünen Salat, rote Tomaten, violette Auberginen oder gelbe Paprika. Dann machen Sie alles richtig. Dabei gilt: starke Farben vor. Wenn Sie sich für eine Obst- oder Gemüsesorte entschieden haben und vor der Farbauswahl stehen, bevorzugen Sie immer die intensiveren Töne. So haben zum Beispiel rote Grapefruits mehr Vitamin A als weiße, rote Trauben mehr als grüne.

Auf den nächsten Seiten stelle ich Ihnen die besten pflanzlichen Lebensmittel vor, zur Inspiration nach Farben sortiert. Darüber hinaus erfahren Sie auch noch Wichtiges über andere Schätze, die zwar nicht unbedingt bunt leuchten, aber trotzdem wahre Gesundheitsbooster sind. Das reicht von Getreide und Hülsenfrüchten über Pilze, Kräuter, Nüsse und Kerne bis zu Tofu und dunkler Schokolade.

Erfrischend gesund: Gelb und Orange

Gut für die Haut, die Augen, die Gelenke und für ein starkes Immunsystem: Beta-Carotin aus leuchtend gelben und orangefarbenen Obst- und Gemüsesorten ist ein echter Gesundheitsbooster. Die Farben stehen bei allen gelben und orangefarbenen Lebensmitteln auch für besonders viel Vitamin C.

KÜRBISSE

Wenig Kalorien, aber viele wichtige Nährstoffe: Die in Kürbissen enthaltenen Pflanzenstoffe wirken als Antioxidanzien gegen freie Radikale und schützen damit die Zellen, etwa vor Herz-Kreislauf-Erkrankungen und bestimmten Krebsarten. Außerdem liefern Kürbisse wertvolle Ballaststoffe, die die Verdauung fördern und anregen. Tipp: Kürbisse lassen sich leichter zerlegen, wenn Sie sie in kochendem Wasser oder im Backofen vorgaren.

ORANGEN

Fruchtig, leuchtend, lecker – Orangen gehören zu den beliebtesten Früchten überhaupt. Ihre sekundären Pflanzenstoffe in Form von Polyphenolen wirken unter anderem entzündungshemmend und antioxidativ. Besonders im Winter, wenn nicht viele frische Früchte erhältlich sind, sind Orangen wertvolle Vitaminlieferanten. Sie enthalten neben B-Vitaminen vor allem reichlich Vitamin C – mit zwei Orangen können Erwachsene fast den empfohlenen Tagesbedarf decken.

MÖHREN

Ihr großer Mehrwert sind die Carotinoide, sekundäre Pflanzenstoffe, die Möhren ihre Farbe verleihen und im Körper zu Vitamin A umgewandelt werden. Das Vitamin wirkt unter anderem positiv auf die Sehkraft, deshalb heißt es häufig „Möhren sind gut für die Augen". Allerdings können Möhren keine Sehschwäche verbessern. Essen Sie öfter rohe Möhren, das reinigt die Zähne und massiert das Zahnfleisch.

Noch mehr Möglichkeiten

Die Farben Gelb und Orange können Sie außerdem abdecken mit gelben Äpfeln, Aprikosen, Ananas, Bananen, Grapefruits, Mais, Mandarinen, Mangos, Melonen, Mirabellen, Nektarinen, Pfirsichen, Physalis und Sanddorn. Auch Tomaten, Zucchini, Birnen und Pflaumen gibt's in Gelb.

GELBE PAPRIKA

Zusammen mit ihren grünen und roten Geschwistern sieht gelbe Paprika auf dem Teller wunderbar appetitlich aus. Ihre Wirkstoffe verbessern unter anderem die Herzleistung, stärken das Immunsystem, halten die Verdauung auf Trab und schützen die Gefäße. Das in ihnen enthaltene Vitamin C reguliert den Kalzium- und Phosphorhaushalt und ist wichtig für den Knochenaufbau. Praktisch: Paprikaschoten können Sie prima roh essen, wenn es mal schnell gehen soll.

SÜSSKARTOFFELN

Ihren Beinamen Superknolle trägt die Süßkartoffel zu Recht. Viele Vitamine und Mineralstoffe (insbesondere Kalzium, die Vitamine C und E) machen sie zum Superfood. Beta-Carotin sorgt für die leuchtende Farbe. Die tollen Knollen enthalten sogar etwas mehr Ballaststoffe als herkömmliche Kartoffeln. Trotz ihres süßen Geschmacks erhöhen sie den Blutzucker nur in geringem Maße, da sie den blutzuckersenkenden Stoff Caiapo enthalten, der vor allem in der Schale steckt.

ZITRONEN

Ihr erfrischender Geschmack peppt jedes Essen auf, auch in gesundheitlicher Hinsicht. Die gelben Früchte haben eine antibakterielle und entzündungshemmende Wirkung, enthalten viel Kalium, Kalzium, Magnesium und sekundäre Pflanzenstoffe in Form von Flavonoiden. Die stecken vor allem im weißen Gewebe direkt unter der Schale. Die ätherischen Öle der Zitrone machen gute Laune.

Vitaminbomben: Rot

Pflanzenstoffe wie Lycopin, Ellagsäure und Anthocyane lassen rotes Obst und Gemüse leuchten. Tomaten, Paprikaschoten oder Erdbeeren auf dem Teller machen nicht nur gute Laune – dank ihrer Pflanzenfarbstoffe reduzieren sie auch das Krankheitsrisiko, halten jung und verbessern die Haut.

TOMATEN

Vitaminreich und kalorienarm – Tomaten sind wahre Vitamin-C-Booster und dank ihres hohen Wasseranteils echte Schlankmacher. Das in ihnen enthaltene Lycopin sorgt nicht nur für die rote Farbe, sondern schützt auch auf natürliche Weise vor UV-Licht und vorzeitiger Alterung. Zwar ersetzt eine Tomate nicht die Sonnencreme, doch sie ist essbarer Hautschutz. Ein weiteres Plus: Die Gemüsefrüchte können sogar den altersbedingten Muskelabbau bremsen.

JOHANNISBEEREN

Sie schmecken etwas säuerlich, haben dafür aber ein großes Plus: Johannisbeeren gehören zu den zuckerarmen Obstsorten – man kann sie deshalb ohne Einschränkungen verzehren. Die kleinen roten (manchmal auch weißen und schwarzen) Kugeln enthalten außerdem viele Ballaststoffe, Vitamine und Mineralstoffe wie Kalium und Eisen. Als Snack an der Rispe, auf dem Müsli, im Salat, als Marmelade oder Kuchenbelag sind sie vielfältig einsetzbar.

ROTE PAPRIKA

Paprika gibt es in vielen verschiedenen Formen und Farben. In Sachen Aroma, Vitaminreichtum und Bekömmlichkeit ist die rote Paprika Spitzenreiter. Sie liefert mehr Vitamin C als eine Apfelsine! Auch das enthaltene Vitamin A kann das Immunsystem pushen. Kaufen Sie möglichst Bioware, denn die enthält weniger Schad- und mehr Nährstoffe als herkömmliche Paprikaschoten.

Damit sehen Sie noch mehr Rot

Keine Ideen für mehr Rot auf dem Teller? Hier ein paar Anregungen: Neben Rhabarber, Granatäpfeln und Rotkohl decken auch Kirschen, rote Trauben, Preiselbeeren und Himbeeren die Farbe ab – im Sommer frisch aus der Region und im Winter als unverarbeitete Tiefkühlware.

WASSERMELONEN

Weil sie so süß schmecken, werden sie häufig als Frucht gesehen. Aber genau genommen sind Melonen Gemüse, nämlich Kürbisgewächse. Mit ihrem Wasseranteil von 90 bis 95 Prozent sind sie an heißen Sommertagen eine prima Erfrischung und kommen ganz unkompliziert roh auf den Teller. Sie können unter anderem den Blutdruck und den Blutzucker senken, sie stärken das Immunsystem und eignen sich hervorragend zum Abnehmen.

RADIESCHEN

Im Salat, als Snack oder gekocht, Radieschen sorgen für die nötige Würze. Dabei gilt: je besser die Qualität, desto schärfer der Geschmack. Auch die Menge der Vital- und Mineralstoffe wächst mit der Schärfe. Kalium, Folsäure, Vitamin C, Kalzium, Beta-Carotin und Senföl gehören zu den Hauptbestandteilen der kleinen Wurzelknolle. Form, Größe und Farbe sind nicht immer einheitlich. Es gibt neben den roten auch weiße, gelbe, violette oder schwarze Radieschen.

ERDBEEREN

Sie schmecken wunderbar süß und sind mit ihrem herrlichen Aroma nicht nur ausgesprochen köstliche Leckereien, sondern auch besonders nährstoffreich. Die leuchtend roten Superfoods stärken das Immunsystem und enthalten neben viel Vitamin C auch sekundäre Pflanzenstoffe wie Ferula- und Ellagsäure, die vor Infektionen schützen. Von Mai bis Juli ist in Deutschland Erdbeersaison.

Entzündungshemmer: Blau und Violett

Hier stehen die Farben für Phytonährstoffe, die unter anderem die Denkleistung fördern, Entzündungen bekämpfen und das Alzheimerrisiko senken. Blaues und violettes Obst und Gemüse liefern außerdem Anthocyane, die uns länger leben lassen und vor Herz-Kreislauf-Erkrankungen schützen.

AUBERGINEN

Aus der mediterranen Küche sind die dunkelvioletten Eierfrüchte nicht wegzudenken – und auch bei uns werden sie immer beliebter. Mit reichlich Ballaststoffen bei wenig Kalorien sind sie echte Schlankmacher. Vor allem die violette Schale ist reich an sekundären Pflanzenstoffen wie Anthocyanen, die eine antioxidative Wirkung haben. Die in Auberginen enthaltene Phenolsäure soll außerdem krebsvorbeugend wirken.

RADICCHIO

Radicchio ist der bitterste aller Blattsalate. Er enthält vor allem in den Blattrippen den Bitterstoff Intybin, der die Produktion von Verdauungssäften in Magen, Leber und Galle anregt. Der lösliche Ballaststoff Inulin füttert die nützlichen Darmbakterien und stärkt das Immunsystem. Wem der Salat zu scharf ist, der kann den Strunk herausschneiden. Radicchio ist übrigens lange haltbar. Gut verpackt (zum Beispiel in einem feuchten Tuch) kann man ihn bis zu einer Woche im Kühlschrank lagern.

ROTE BETE

Wichtig fürs Zellwachstum, gut für die Augen und für schöne Haut: Rote Bete ist geschmacklich vielleicht nicht jedermanns Sache, doch es lohnt sich, ihre Vorzüge zu entdecken. Das in den Knollen enthaltene Polyphenol Betanin wirkt entzündungshemmend und positiv auf die Blutgerinnung. Um optimal zu profitieren, essen Sie das dunkelrote Wintergemüse am besten roh oder kochen es schonend mit Schale, damit möglichst wenig Nährstoffe im Kochwasser verloren gehen.

Noch mehr blaue und violette Wunder?

Farblich passen Schwarze Johannisbeeren, Heidelbeeren, Feigen und Holunderbeeren. Wer noch mehr möchte, hält mal im Gemüseladen bewusst Ausschau. Sie werden staunen, denn es gibt auch Brokkoli, Blumenkohl, Kohlrabi, Spargel und Möhren (Urkarotten) in Blau beziehungsweise Violett.

ROTE ZWIEBELN

In puncto Gesundheit sind Zwiebeln echte Alleskönner: Sie versorgen uns mit Kalium und vor allem mit reichlich B-Vitaminen. Dank ihrer schwefelhaltigen ätherischen Öle können sie wie ein natürliches Antibiotikum wirken. Die roten haben aber noch mehr zu bieten als ihre hellen Verwandten: Sie enthalten die farbgebenden Stoffe Quercetin und Anthocyane, die das Herz und die Zellen schützen und uns jung halten.

BROMBEEREN

Brombeeren enthalten verschiedene sekundäre Pflanzenstoffe, die unter anderem entzündungshemmend wirken. Die dunklen Früchte liefern zudem mehr Provitamin A als andere Beeren. Das hält die Augen fit und schützt die Schleimhäute. Auch sonst sind Brombeeren ideale Vitaminlieferanten. Sie sollen sogar das Gedächtnis im Alter verbessern. Ein weiteres praktisches Plus: Ohne Schneiden, Schälen oder Entkernen kann man Beeren sofort von der Hand in den Mund naschen.

ROTKOHL

Meist kommt er zu Weihnachten auf den Tisch. Dabei können wir das Wintergemüse das ganze Jahr über essen, denn es hält sich bis in den Sommer, wenn es gut gelagert wird. Im Vergleich zu seinem weißen Verwandten ist der rote Kohl etwas kleiner und fester. Mit seinen Farbstoffen (Anthocyane) stärkt er das Immunsystem, schützt vor Erkältungen und gilt als Anti-Aging-Mittel. Am gesündesten ist Rotkohl roh. Beim Kochen sollte man ihn nicht zu stark erhitzen.

Wunder für den Darm: Grün

Wenig Kohlenhydrate, viele Vitalstoffe – „Grünzeug" in seiner vielfältigen Form fördert die Darmgesundheit und hilft bei der Entgiftung. Ob Salat, Gurke und Grünkohl oder Staudensellerie, Petersilie und Bohnen – der grüne Farbstoff Chlorophyll gibt Energie. Bei grünen Blättern gilt: je dunkler, desto besser.

BLATTSALATE

Grüne Blätter stecken voller Pflanzenstoffe, die es in sich haben. Dazu gehören etwa Carotinoide, Flavonoide, Phytosterine oder Polyphenole. Blattsalate liefern nur wenige Kalorien, machen wegen ihres Volumens aber trotzdem satt – was zur Folge hat, dass man weniger isst. Genießt man Blattsalate in Kombination mit einem Essigdressing, verlangsamt sich die Aufnahme von Kohlenhydraten im Blut – und beugt so einem starken Anstieg des Blutzuckerspiegels vor.

GURKEN

Erfrischend, entzündungshemmend und nährstoffreich: Gurken punkten mit Kalium, Jod, Schwefel und Vitaminen. Um optimal davon zu profitieren, sollte man sie immer mit Schale essen. Darüber hinaus enthält das Fruchtgemüse Polyphenole wie Lignane und Flavonoide wie Apigenin, Quercetin und Kaempferol. Die beste Wahl sind grüne (ohne gelbe Stellen), feste und mittelgroße Exemplare. Sehr große Gurken schmecken häufig bitter.

GRÜNKOHL

Das Wintergemüse ist zum heimischen Kultfood geworden. Unter seinen sekundären Pflanzenstoffen ragen die Senfölglykoside heraus, die nicht nur Senf, sondern auch Rettich oder Kresse einen etwas bitteren Geschmack verleihen und sehr gesund sind. Grünkohl punktet mit seinen abwehrstärkenden und blutzuckersenkenden Eigenschaften. Aus Senfölglykosiden entstehen im Körper krebshemmende Stoffe.

Alles im grünen Bereich!

Sie suchen nach weiteren grünen Inspirationen für Ihre Küche? Grün steht bei Lebensmitteln für Frische und Geschmack. Wie wäre es mit grünen Trauben, grünen Linsen, Rosenkohl, Mangold, grünen Paprikaschoten oder grünen Birnen?

AVOCADOS

In der Küche kann man aus dem „grünen Gold" einiges machen und davon in vielerlei Hinsicht profitieren. Avocados sind bekannt für ihre hochwertigen ungesättigten Fettsäuren, die unter anderem das Herz-Kreislauf-System stärken. Die Früchte, die aus botanischer Sicht Beeren sind, haben entzündungshemmende Eigenschaften und tragen zur Senkung des Cholesterinspiegels bei. Damit sie länger halten, sollten reife Avocados im Kühlschrank aufbewahrt werden.

KIWIS

Unter einer bräunlichen haarigen Schale sitzt grünes Fruchtfleisch mit Mehrwert: Die runden Beerenfrüchte enthalten die Vitamine C (schon zwei Kiwis decken den Tagesbedarf), E und K, Folsäure, Kupfer, Kalium und Beta-Carotin. Zahlreiche Antioxidanzien schützen die Zellen vor freien Radikalen, Ballaststoffe unterstützen die Verdauung. Eine neuseeländische Studie konnte außerdem zeigen, dass Kiwis auch eine stimmungsaufhellende Wirkung haben.

LIMETTEN

Die kleinen grünen Verwandten der Zitrone schmecken nicht ganz so sauer wie die gelben Originale, können aber in Sachen Gesundheit durchaus mithalten. Ihr Kalium-, Kalzium- und Phosphorgehalt ist sogar höher als der von Zitronen. Deshalb stärken die tropischen Früchte Knochen, Herz und Nervensystem. Übrigens: Statt zu einer heißen Zitrone können Sie auch mal zu einer heißen Limette greifen.

ERBSEN

Die proteinreichen Hülsenfrüchte enthalten neben viel Kalzium, Magnesium und Zink auch sogenannte Saponine, die als Gehirn- und Nervennahrung gelten. Außerdem wirken die Flavone der Erbsen zellschützend. Ballaststoffe binden im Darm Wasser und kurbeln damit die Verdauung an. Gut zu wissen: Rohe Erbsen sollten Sie meiden. Sie sind in kleinen Mengen zwar nicht giftig, aber nicht gut verträglich.

STAUDENSELLERIE

Die meisten kennen Sellerie als helle Knolle, der stangenförmige grüne Verwandte kommt in der Küche seltener zum Einsatz. Dabei steht er dem runden „Liebling" in nichts nach: Beide liefern wertvolle Mineralstoffe wie Magnesium, Kalzium oder Kalium. Sie unterscheiden sich jedoch im Geschmack, denn Staudensellerie (auch Stangen- oder Bleichsellerie genannt) ist milder und bildet einen reizvollen knackigen Kontrast zu weicheren Beilagen, wie zum Beispiel Kartoffeln.

BROKKOLI

Bei Vitaminen denken die meisten an Zitrusfrüchte, dabei stecken die wertvollen Nährstoffe auch in grünem Gemüse. Vor allem Brokkoli ist ein Vitaminwunder. Das Gemüse enthält viele B-Vitamine sowie die Vitamine C, E und K. Außerdem punktet das heimische Superfood mit reichlich Kalium, Kalzium, Beta-Carotin und sekundären Pflanzenstoffen. Brokkoli schmeckt auch roh; er ist dann sogar gesünder, denn beim Kochen gehen Vitamine und Mineralstoffe verloren.

BOHNEN

Ob in der Suppe, im Eintopf, in der Gemüsepfanne oder im Salat: Im Spätsommer können Sie Bohnen als heimisches Superfood in ihrer ganzen Vielfalt genießen. Ihr pflanzliches Eiweiß macht grüne Bohnen besonders wertvoll für die vegetarische oder vegane Küche. Achten Sie beim Einkauf auf Qualität. Frische Bohnen erkennen Sie daran, dass sie leuchtend grün, fest und knackig sind.

PETERSILIE

Das Heilkraut ist – wie andere grüne Küchenkräuter – ein echter Allrounder. Leider wird Petersilie oft nur zum Garnieren verwendet. Das ist schade, denn sie enthält mehr Vitamin C als Zitrone, dazu Beta-Carotin, Vitamin E, Eisen, Mangan, Kalium, Kalzium und Zink. Eingewickelt in ein feuchtes Tuch, ist Petersilie im Kühlschrank ein paar Tage haltbar. Am besten kommt sie frisch auf den Teller, denn beim Erhitzen verliert sie Nährstoffe und Aroma.

SPINAT

Popeyes Wundergemüse macht zwar keine Muskeln ohne Anstrengung, steckt aber voller Pflanzenpower. Ob als Salat oder zu Spiegelei mit Bratkartoffeln – die grünen Blätter enthalten viele Vitamine und Mineralstoffe, obwohl sie zu 94 Prozent aus Wasser bestehen. Als grüner Smoothie am Morgen kann Spinat gegen Heißhunger helfen. Eine schwedische Studie konnte zeigen, dass man danach den ganzen Tag deutlich weniger Verlangen nach Süßem oder Fettigem hat.

GRÜNE ÄPFEL

Vom liebsten Obst der Deutschen gibt es weltweit ungefähr 20 000 Sorten. Kein Wunder, dass wir immer wieder die Qual der Wahl haben. Während alle Apfelsorten anfangs grün sind, bevor sie reifen und dabei die Farben ihrer Schalen verändern, bleiben grüne Äpfel immer grün. Der Klassiker ist die Sorte Granny Smith, die säuerlich und erfrischend schmeckt. Sie enthält nur wenig Fruchtzucker, dafür aber viele Antioxidanzien und Ballaststoffe, von denen der Darm profitiert.

ARTISCHOCKEN

Viele Vitamine und sekundäre Pflanzenstoffe bei wenig Kalorien: Artischocken sind echte Gesundheitsbooster. Ihre Bitterstoffe kurbeln die Magensäureproduktion an, lindern Blähungen und zügeln den Appetit. Das grüne Gemüse wirkt positiv auf die Leber. Der Inhaltsstoff Cynarin ist für den herben Geschmack verantwortlich, stärkt die Galle und senkt den Cholesterinspiegel.

Herzschützer: Weiß und Hellgelb

Auch blassere Farben haben starke Wirkungen. Hinter Weiß und Hellgelb stecken Farbpigmente aus der Familie der Flavonoide, die antientzündliche und antibakterielle Eigenschaften haben. Der hellgelbe Naturfarbstoff Quercetin hält das Herz gesund. Und: Weiße Früchte schützen das Gehirn. Außerdem enthalten sie viel Kalium.

BLUMENKOHL

Wie sein grüner Verwandter, der Brokkoli, ist auch Blumenkohl supergesund und das ganze Jahr über erhältlich. Er punktet mit reichlich Kalzium und einem hohen Ballaststoffgehalt. Der sekundäre Pflanzenstoff Sulforaphan kann das Krebsrisiko senken. Blumenkohl schmeckt gedünstet, gebraten und paniert, zum Beispiel als Gemüseschnitzel. Wenig bekannt ist, dass man ihn auch roh essen kann. Wenn Sie Kohl (noch) nicht gut vertragen, ist es ratsam, mit kleinen Portionen anzufangen.

KNOBLAUCH

Verzichten Sie öfter auf Knoblauch, weil der Geruch so intensiv ist? Dann entgehen Ihnen allerdings viele heilsame Wirkungen, die die tolle Knolle auszeichnen. Ihr Hauptinhaltsstoff ist die Schwefelverbindung Allicin, die durch den Abbau der Aminosäure Alliin im Zusammenspiel mit Luft beim Schälen, Schneiden oder Hacken entsteht. Allicin wirkt antioxidativ, hilft also, die Zellreparatur zu unterstützen, freie Radikale zu bekämpfen und gegen Herzkrankheiten vorzubeugen.

PASTINAKEN

Das Wurzelgemüse mit dem feinnussigen Aroma ist leider wenig bekannt. Dabei sind die heimischen Rüben wertvolle Nährstofflieferanten und zeichnen sich vor allem durch einen hohen Kaliumgehalt aus. Ihre Ballaststoffe eignen sich als gesundes „Futter" für das Darmmikrobiom. Pastinaken sind leicht verdaulich und daher auch für Gemüseeinsteiger hervorragend geeignet. Man kann sie auch gut roh essen.

Hier gibt's weitere Ideen

Noch ein paar Anregungen für weiße beziehungsweise hellgelbe (manchmal auch hellgrüne) pflanzliche Lebensmittel gefällig? Bitte sehr: Sellerie, Kohlrabi, Chinakohl, Lauch, Petersilienwurzeln, Rettich, Schwarzwurzel, weiße Bohnen, Weißkraut und Zwiebeln.

SPARGEL

Obwohl Spargel zu 93 Prozent aus Wasser besteht, macht er dank seiner Ballaststoffe gut satt. Die Vitamine C, E, B_1 und B_2 sowie sekundäre Pflanzenstoffe sind weitere Pluspunkte. Das edle Gemüse zeichnet sich auch durch viel Magnesium und Kalium aus. Frische Stangen erkennen Sie daran, dass sie keine Verfärbungen haben und quietschen, wenn man sie aneinanderreibt. Das Frühlingsgemüse, das bei uns von März bis Juni geerntet wird, gibt es auch in Grün und Violett.

CHICORÉE

Er lässt sich garen, braten oder dünsten, eignet sich für Aufläufe, aber auch roh für einen Salat. Seine Bitterstoffe machen Chicorée besonders gesund, auch wenn sie geschmacklich nicht jedermanns Sache sind. Mit nur 16 Kalorien pro 100 Gramm ist das klassische Wintergemüse aus der Familie der Korbblütler ein echter Schlankmacher. Um die herbe, leicht bittere Note etwas abzumildern, kann man es gut mit frischen Früchten oder Nüssen kombinieren.

FENCHEL

Als Heilpflanze wurde Fenchel schon im Mittelalter geschätzt. Seine ätherischen Öle, die für den leichten Anisgeschmack verantwortlich sind, wirken beruhigend auf Magen und Darm und können auch Unterleibskrämpfe lindern. Weil die Knollen reichlich Beta-Carotin enthalten, das im Körper zu Vitamin A umgewandelt wird, sind sie gut für die Sehkraft und die Haut. Das frische Fenchelgrün eignet sich bestens als Würzkraut.

Auch die sind pflanzlich: Nüsse, Getreide, Tofu

Gemüse und Obst machen bei einer „grünen" Ernährung den Großteil des täglichen Essens aus. Doch die pflanzenbasierte Küche gibt noch mehr her. Nutzen Sie auch Getreide, Hülsenfrüchte und Co. – und nicht zu vergessen: Kräuter, Gewürze und gesunde Pflanzenöle. Und genießen Sie ruhig auch mal dunkle Schokolade.

Sie werden von Salat, Gemüse und Obst nicht richtig satt? Dann nehmen Sie doch einfach noch andere Zutaten aus der Pflanzenküche mit auf Ihren Speiseplan.

VOLLKORN- UND PSEUDOGETREIDE

Ob Brot, Nudeln oder Reis: Hauptsache Vollkorn! Denn dann sorgen komplexe Kohlenhydrate und Ballaststoffe für eine langsame Verdauung mit lang anhaltendem Sättigungseffekt. Auch das sogenannte Pseudogetreide (Hirse, Quinoa, Amarant, Buchweizen) enthält hochwertiges Eiweiß und wichtige Mineralstoffe. Als gesündestes Getreide überhaupt gelten Haferflocken. Dafür sorgen unter anderem die vielen wertvollen Ballaststoffe, B-Vitamine, Proteine und Mineralstoffe. Ihre langsam verdaulichen Kohlenhydrate lassen den Blutzuckerspiegel nur langsam ansteigen und halten so auch das Insulin in Schach. Der größte Pluspunkt aber ist der lösliche Ballaststoff Beta-Glucan, der dazu beiträgt, den Cholesterinspiegel zu senken (siehe Seite 10). In der Küche kommen Haferflocken vielseitig zum Einsatz: Sie passen ins Porridge oder Müsli und eignen sich auch als Backzutat.

TOFU UND HÜLSENFRÜCHTE

Dank seines hohen Proteingehalts ist Tofu bei uns vor allem als Fleischersatz bekannt. Der aus Sojabohnen hergestellte vegetarische Klassiker hat allein nicht viel Geschmack, passt sich aber an unterschiedliche Aromarichtungen an. Neben hochwertigem pflanzlichem Eiweiß punktet Tofu mit mehrfach ungesättigten Fettsäuren, mit essenziellen Aminosäuren, Eisen, Mineralstoffen und verschiedenen B-Vitaminen – und das alles bei wenig Fett und wenig Kalorien. Auch Hülsenfrüchte enthalten viel Protein. Erbsen,

Bohnen, Linsen, Kichererbsen und Co. sind preiswerte Superfoods. Da sie glutenfrei sind, eignen sie sich auch für all jene, die von Zöliakie betroffen sind. Wer sich vegan oder vegetarisch ernährt, kann Hülsenfrüchte als vollwertigen Fleischersatz nutzen, am besten kombiniert mit Getreide – denn das erhöht die biologische Wertigkeit ihrer Proteine. Wer Blähungen befürchtet: Gewürze wie Thymian, Fenchel- oder Kümmelsamen machen die Hülsenfrüchte leichter verdaulich.

PILZE

Speisepilze sind in den letzten Jahren zum Trend geworden und werden bei uns in zunehmend größeren Mengen angebaut. Sie sind nachhaltig, vitalstoffreich und ein guter Fleischersatz. Zudem enthalten Pilze kaum Salz, sie sind cholesterinfrei, fettarm und dank ihrer niedrigen Kalorienzahl echte Schlankmacher. Aber Achtung: Auch wenn es Spaß macht, draußen im Wald auf Pilzsuche zu gehen, ist Vorsicht geboten, denn viele Sorten sind giftig. Man muss sich gut auskennen; im Zweifel hilft eine Pilzberatung.

NÜSSE, SAMEN UND KERNE

Die kleinen Kraftpakete liefern viel Energie, reichlich Eiweiß und wertvolle Fette. Denn im Gegensatz zu tierischem Fett ist das pflanzliche aus Nüssen, Samen und Kernen sehr gesund. Sie können Walnüsse und Co. auch prima als Snack zwischendurch nutzen, das Müsli damit aufpeppen oder aus Blattsalaten mit einem Knusper-Topping eine sättigende Beilage machen. Weil sie reichlich Kalorien liefern, sollten es nicht mehr als 40 Gramm (oder eine Handvoll) Nüsse täglich sein.

KRÄUTER UND GEWÜRZE

Kräuter sind wahre Vitamin- und Mineralstoffbomben. Deshalb leisten auch sie, obgleich sie selten in großen Mengen verzehrt werden, ihren Beitrag zu einer gesunden Ernährung. Was sie außerdem so wertvoll macht: Weil sie für viel Geschmack sorgen, helfen sie, Salz einzusparen – gut für den Blutdruck und die Nieren. Das Gleiche gilt für Gewürze. Viele von ihnen kurbeln außerdem zum Beispiel den Stoffwechsel und die Fettverbrennung an oder haben eine antientzündliche Wirkung (wie etwa Kurkuma).

Gesunder Genuss: dunkle Schokolade

Eine überwiegend pflanzliche Ernährung schließt Naschen und Genussmittel zum Glück nicht aus. Dunkle Schokolade etwa hat dank ihres hohen Kakaoanteils und ihrer sekundären Pflanzenstoffe (Polyphenole) positive Effekte auf das Immunsystem, auf den Blutzucker, auf unser Herz und aufs Gehirn. Dabei gilt: je höher der Kakaoanteil, also je dunkler die Schokolade, desto besser. In Studien konnte nachgewiesen werden, dass vor allem ältere Menschen vom regelmäßigen Schokogenuss profitieren. Sie sind danach konzentrierter und können Informationen schneller verarbeiten. Allerdings ist auch in diesem Fall Maßhalten angesagt: regelmäßig ein kleines Stück reicht.

WAS SIE SONST NOCH WISSEN MÜSSEN

Wenn Sie sich an die Wochenpläne zu meinem Mehr-Gemüse-Masterplan halten, sind Sie garantiert auf der sicheren Seite. Sie werden innerhalb von 14 Tagen, in denen Sie nach Rezept kochen, eine Menge lernen und erfahren. Doch danach soll es natürlich gesund weitergehen. Dann sind Sie dran und selbst verantwortlich für das, was auf den Teller kommt. Um langfristig von der gesunden Vielfalt der Pflanzen zu profitieren und ausgewogen, fettgesund, zuckerarm, vitalstoff- und ballaststoffreich zu essen, gibt es noch einige Tricks, die ich Ihnen auf den nächsten Seiten verrate.

Sie können Ihr Gemüse nämlich mit geschicktem Netzwerken gesundheitlich aufpeppen, wertvolle Probiotika selbst herstellen – Stichwort Fermentieren –, mit ein paar Hacks beim Schnippeln und Kochen Mehrwerte erzeugen oder durch eine veränderte Reihenfolge beim Essen die Blutzuckerreaktionen verbessern.

Allgemeine Ernährungsregeln unterstützen Sie ebenfalls. Der Verzicht auf Fertiggerichte, die richtige Eiweißmenge, das beste Fett und gesunde Kohlenhydrate sorgen dafür, dass Sie satt werden und sich nicht von Heißhungerattacken von Ihren guten Vorsätzen abbringen lassen. Und bevor Sie mit den Rezepten loslegen, erfahren Sie noch, wie mein zweiwöchiger Masterplan zum Ein- und Umstieg auf mehr Pflanzen funktioniert.

Auf den Punkt: weitere Regeln für eine gesunde Ernährung

Viele pflanzliche Lebensmittel sind die beste Basis für eine vitalstoffreiche Ernährung. Doch damit allein ist es nicht getan. Um gesund, schlank sowie körperlich und geistig fit zu bleiben, sollten Sie auch noch ein paar andere Regeln beachten. Zum Glück sind die überschaubar und werden schnell zur Gewohnheit.

ACHTEN SIE AUF GENUG EIWEISS

Proteine sättigen einfach besser als andere Energieträger. Wenn sie fehlen, neigen wir zu Heißhunger, werden unzufrieden und geben schnell wieder auf. Top-Eiweißlieferanten sind Fisch, mageres Fleisch, Eier und fettarme Milchprodukte. Auf diese tierischen Quellen sollten Sie jedoch nur in kleinen Mengen zurückgreifen und etwa ein Viertel des täglichen Bedarfs darüber decken. Der Rest ist idealerweise pflanzlich, etwa aus Nüssen, Kernen und Hülsenfrüchten. Die Faustregel für Gesunde: Pro Kilogramm Normalgewicht benötigen Sie täglich 1 bis 1,2 Gramm Eiweiß.

WÄHLEN SIE DAS BESTE FETT

Fette liefern Energie und lebenswichtige Fettsäuren. Ohne Fett kann der Körper die fettlöslichen Vitamine A, D, E und K nicht richtig verwerten. Bei der Auswahl ist es wichtig, dass Sie Fett aus tierischen Lebensmitteln (wie Fleisch, Eiern und Milchprodukten) nur in Maßen konsumieren. Gar nicht auf den Speiseplan gehören die sogenannten Transfette aus industriell verarbeiteten Produkten. Das beste Fett kommt hingegen aus Pflanzen. Mehrfach ungesättigte Fettsäuren, vor allem die gesunden Omega-3-Fettsäuren, stecken zum Beispiel in Lein-, Walnuss- und Hanföl. Zum Braten eignen sich Rapsöl, das ebenfalls wertvolle ungesättigte Fettsäuren enthält, und Olivenöl. Auch Avocados und Nüsse wie Mandeln und Cashews sind gesunde Fettlieferanten.

SETZEN SIE AUF VOLLES KORN

Kohlenhydrate gelten als ungesunde Dickmacher ohne Mehrwert in puncto Nährstoffe. Man muss jedoch genauer hinsehen und zwischen den ungesunden (den schnellen, kurzkettigen) und den gesunden (langsamen, langkettigen) unterscheiden. Ungünstige Carbs stecken in Hartweizennudeln, hellem Reis, Weißbrot und anderen Weißmehlprodukten sowie in vielen verarbeiteten Lebensmitteln. Die gesunden finden Sie dagegen in Vollkornbrot, Vollkornnudeln oder -reis. Gute pflanzliche Kohlenhydrate liefern auch Kartoffeln, Hülsenfrüchte und Haferflocken.

BLEIBEN SIE IM RHYTHMUS

Beschränken Sie sich auf drei Hauptmahlzeiten am Tag und versuchen Sie, dazwischen mehrstündige Esspausen einzuhalten, ohne zu snacken. Wenn Sie noch längere Pausen schaffen, spricht auch nichts dagegen, zwölf oder noch mehr Stunden am Stück nichts zu sich zu nehmen. Dabei können Sie die Nacht miteinbeziehen. Gewöhnen Sie sich daran, langsam zu essen und Ihre Mahlzeiten nur im Sitzen ohne Ablenkung einzunehmen. Ganz wichtig: Hören Sie auf zu essen, wenn Sie eine angenehme Sättigung spüren, egal wie viel noch auf dem Teller liegt.

TRINKEN SIE AUSREICHEND

Für die schlanke Linie sind kalorienfreie Flüssigkeiten die beste Wahl. Ob mit oder ohne Kohlensäure: Trinken Sie vor allem Wasser, ungesüßte Tees oder schwarzen Kaffee in Maßen. Wenn Sie pures Wasser nicht mögen, peppen Sie es mit einigen Ingwerscheiben, einem Spritzer Zitronensaft oder ein paar Minzeblättern auf. Achten Sie darauf, dass Sie jeden Tag 0,03 Liter Flüssigkeit pro Kilogramm Körpergewicht brauchen. Wenn Sie viel Sport treiben oder es draußen sehr heiß ist, darf es ruhig auch noch mehr sein.

MEIDEN SIE FERTIGGERICHTE

Fertiggerichte haben eine ganze Reihe von gesundheitlichen Nachteilen. Denn sie liefern zwar viele Kalorien, enthalten aber kaum gesunde Nährstoffe. Wer überwiegend zucker- und fettreiches Fast Food, Tiefkühlpizza oder Dosensuppen isst, fördert Entzündungen und Krankheiten wie Bluthochdruck, Adipositas und Typ-2-Diabetes. Dabei gilt die Faustregel: Je mehr Zutaten ein Produkt enthält, desto schlechter ist es für die Gesundheit. Es lohnt sich also unbedingt, beim Einkaufen einen Blick auf die Zutatenliste zu werfen.

Mehr, häufiger, besser: So werden Sie zum Pflanzenesser

Unabhängig von den Rezepten in diesem Buch gibt es noch viele andere Möglichkeiten, die Heilkraft pflanzlicher Lebensmittel als Gesundheitsbooster zu nutzen. Hier verrate ich Ihnen Tipps und Tricks, mit denen Sie Gemüse und Obst aufpeppen können, um bestmöglich von den wertvollen Vitalstoffen zu profitieren.

DER NETZWERK-TRICK

Nutzen Sie cleveres Networking nicht nur bei der Arbeit, sondern auch beim Essen beziehungsweise beim Zusammenstellen Ihrer Nahrungsmittel. Denn deren Inhaltsstoffe (vor allem Makro- und Mikronährstoffe wie Ballaststoffe, Vitamine, Mineralstoffe, Spurenelemente, sekundäre Pflanzenstoffe) wirken – in natürlicher Weise kombiniert– um ein Vielfaches besser als synthetisch hergestellte Nahrungsergänzungsmittel mit den gleichen Inhalten (multimodale Wirkung). Hier einige Beispiele:

▶ Kombinieren Sie Getreide, Nüsse und Samen mit Hülsenfrüchten, um die biologische Wertigkeit der grünen Proteine zu erhöhen. Auch gut: Milchprodukte mit Getreide oder Kartoffeln mit Ei.

▶ Nutzen Sie Vitamin-C-reiches Obst und Gemüse, um die Eisenaufnahme (zum Beispiel aus Fleisch, Getreide und Nüssen) deutlich zu erhöhen. Sauerkraut und Kimchi haben einen ähnlichen Effekt.

▶ Mit Säuren aus Obst können Sie die Aufnahme von Zink aus Getreide und Hülsenfrüchten verbessern. Peppen Sie also zum Beispiel Haferflocken mit Beeren auf.

▶ Garen Sie Tomaten, um die Wirkung des wertvollen Inhaltsstoffs Lycopin zu verbessern. Auch Dosentomaten und Tomatenmark sind reich an Lycopin.

RESISTENTE STÄRKE

Einen ganz besonders wertvollen Ballaststoff können Sie selbst herstellen, indem Sie stärkehaltige Lebensmittel wie Kartoffeln, Nudeln oder Reis erst kochen und dann mindestens 12 Stunden abkühlen lassen. So entsteht resistente Stärke, die das Darmmikrobiom unterstützt und dafür sorgt, dass Kartoffeln und Co. weniger Kalorien haben. Das Gute: Die resistente Stärke bleibt auch beim zweiten Erhitzen erhalten (siehe Seite 10).

MIT SCHALE, BITTE!

Die meisten Obst- und Gemüsesorten kann und sollte man mit Schale essen. Denn die wertvollsten Nährstoffe sitzen in der Regel direkt darunter. Ausnahmen sind harte, schwer essbare Schalen (beispielsweise Ananas, Avocados, Apfelsinen, Granatäpfel, dicke Bohnen, Zwiebeln, Knoblauch oder Papaya). Rhabarber muss ebenfalls geschält werden, um den Oxalsäuregehalt zu reduzieren. Bei einigen pflanzlichen Lebensmitteln hängt es vom Geschmack und von der Dicke der Schale ab, so wie bei manchen Kürbissen oder Roten Beten. Auch Bio-Zitronenschalen können Sie in geringen Mengen als Abrieb mitessen. Waschen Sie Früchte und Co. vor dem Verzehr jedoch gründlich ab – das gilt auch für Bioware.

Kochen Sie die Schale mit, wenn Sie Knollen wie etwa Kartoffeln garen. So bleiben mehr Vitalstoffe erhalten und landen nicht im Kochwasser. Vor dem Essen wird dann geschält. Als Faustregel gilt: Wenn Schale und Fruchtfleisch unterschiedliche Farben haben, enthält die Hülle extraviele Nährstoffe (zum Beispiel bei Äpfeln). Sieht es innen und außen ähnlich aus (beispielsweise bei Möhren), sind die Nährstoffe gleichmäßig verteilt.

ROH ODER GEKOCHT?

Pflanzliche Lebensmittel mit viel Vitamin C (wie rote Paprikaschoten, Kohlrabi, Möhren) sind prima Snacks für zwischendurch. Sie können sie ruhig roh essen, damit möglichst viele Vitamine erhalten bleiben. Etliche davon sind hitzeempfindlich und/oder wasserlöslich und gehen ins Wasser über – und damit verloren, wenn dieses weggekippt wird. Nutzen Sie das Garwasser also am besten weiter, zum Beispiel für Saucen, Suppen oder Eintöpfe. Noch schonender garen Sie Gemüse, indem Sie es dünsten oder dämpfen, sodass es gar nicht erst mit viel Wasser in Kontakt kommt. Wichtig bei jeder Form von Garen: Achten Sie darauf, dass festes Gemüse (etwa Kohl und Möhren) länger braucht als weichere Sorten wie Tomaten oder Zucchini. Geben Sie das weiche Gemüse erst später dazu oder schneiden Sie das feste in kleinere Stücke, das weiche in größere, damit beides gleichzeitig gar wird. Tipp: Um Zeit zu sparen, können Sie ruhig größere Mengen zubereiten und dann im Kühlschrank aufheben (Meal Prep) oder einfrieren beziehungsweise Gemüse haltbar machen (siehe „Fermentiertes ist gesund"). So haben Sie länger etwas davon.

IMMER SCHÖN DER REIHE NACH

Ob Pizza, Pasta oder ein Stück Kuchen: Kohlenhydrat- und zuckerhaltiges Essen lässt den Blutzuckerspiegel ansteigen. Um starke Schwankungen zu vermeiden, gibt es ein paar Tricks, die sich leicht in den Alltag integrieren lassen:

▶ Starten Sie mit ein paar Nüssen (besonders zu empfehlen: Mandeln), einem ballaststoffreichen Salat oder mit Gemüse, bevor die Pizza dran ist. Oder trinken Sie ein Glas Wasser mit einem Esslöffel (Apfel-)Essig.

▶ Kombinieren Sie Nudeln und Co. mit Gemüse, Eiweiß oder gesunden Fetten.

▶ Sie möchten nicht auf Süßes verzichten? Dann gönnen Sie sich das Dessert nach der Hauptmahlzeit statt zwischendurch.

▶ Bewegen Sie sich im Anschluss an eine kohlenhydrathaltige Mahlzeit. Ein Spaziergang oder ein paar Übungen regen die Darmtätigkeit an und lassen die Blutzucker- und Insulinkurve sinken.

FERMENTIERTES IST GESUND

Wer sein Essen fermentiert, macht es nicht nur länger haltbar, sondern in vielen Fällen auch gesünder und nachhaltiger. Bakterien, Hefe und Pilze verstoffwechseln verschiedene Zuckerarten aus Lebensmitteln und behandeln sie dabei so, als ob sie sie vorverdauen würden. Das kann Rohes bekömmlicher machen. Fermentiertes Gemüse soll unter anderem das Darmmikrobiom und die Immunabwehr stärken und präventiv gegen verschiedene Krankheiten wirken. Der Gärungsprozess kann außerdem die Aufnahme von Eiweiß, Vitaminen und Mineralstoffen im Körper verbessern. Die uralte Methode zur Konservierung ist jetzt wieder im Trend – und überzeugt durch ihren intensiven feinsäuerlichen Geschmack. Sie möchten das mal ausprobieren? Hier kommt ein ebenso einfaches wie leckeres Rezept (für 6 Portionen):

Pink Sauerkraut

Von 1 Weißkohl (ca. 1 kg) die unschönen Außenblätter entfernen. Den Kohlkopf vierteln und in feinen Streifen vom Strunk schneiden oder hobeln. Die Kohlstreifen in einer großen Schüssel mit 1 EL Salz bestreuen und mit sauberen Händen ca. 5 Minuten kräftig durchkneten. 2 TL Wacholderbeeren in einem Mörser andrücken und unter das Kraut mischen. Das Weißkraut in ein sauberes Vorratsglas (ca. 1,2 l Inhalt) füllen, dabei immer wieder kräftig nach unten drücken. Dann 400 ml Rote-Bete-Saft aufgießen – der Saft sollte mindestens 1 cm hoch über dem Kraut stehen. Das Glas mit einem sauberen Küchentuch bedecken und dieses mit einem Gummiring befestigen. Das Kraut 3–5 Tage bei Zimmertemperatur (ca. 20 °C) stehen lassen, bis Blasen an die Oberfläche steigen. Dabei öfter kontrollieren, dass das Kraut noch mit Saft bedeckt ist, eventuell Saft oder Wasser nachfüllen. Das Tuch entfernen, das Glas verschließen und das Kraut im Kühlschrank aufbewahren. Dort hält es sich etwa 1 Monat.

So funktioniert mein Masterplan

Jede Woche 30 verschiedene Gemüsesorten und viele andere pflanzliche Lebensmittel essen und dabei alle Regenbogenfarben abdecken – das ist das Ziel für eine optimale pflanzenbasierte Ernährung. Dabei hilft Ihnen mein Masterplan. Erfahren Sie hier, wie Sie das Konzept in zwei Wochen umsetzen und wertvolle Pflanzenpunkte sammeln.

Mehr Gemüse essen, immer häufiger selbst kochen, unabhängig von Fertiggerichten und Fast Food werden – das kann doch gar nicht so schwer sein, oder? Theoretisch nicht, aber im hektischen Alltag stoßen wir schnell an unsere Grenzen. Zu viel auf einmal, keine klaren Ansagen. Alles ist möglich, aber am Ende wird nichts gemacht. So enden gute Vorsätze leider oft. Damit Ihnen das nicht passiert und Sie nach der Lektüre der ersten Seiten dieses Buches gleich loslegen können, gibt es einen genauen Plan, an den Sie sich zwei Wochen halten können. Ich nehme Sie in dieser Zeit an die Hand: Sie bekommen Rezepte, die den optimalen Nährstoff-Mix gleich mitliefern. Sie müssen sich also erst mal keine Gedanken darüber machen, was Sie wann essen, denn die nötige Vielfalt ergibt sich von ganz allein.

Übrigens: Sie dürfen mit gutem Gewissen genießen. Rezepte und Wochenpläne sind so zusammengestellt, dass sie den aktuellen Empfehlungen für eine gesunde und nachhaltige Ernährung entsprechen, die sowohl dem Körper als auch dem Planeten guttut (siehe Kasten Seite 13).

GESUND ESSEN UND PFLANZENPUNKTE SAMMELN

Mit 30 verschiedenen Gemüsesorten und einer Fülle an anderen pflanzlichen Lebensmitteln pro Woche profitieren Sie optimal von der ganzen Vielfalt einer pflanzenbasierten Ernährungsweise. Die Rezepte und Wochenpläne meines zweiwöchigen Masterplans sind so aufgebaut, dass Sie automatisch alles richtig machen und jeden Tag die Farben des Regenbogens abdecken. So werden Sie mit allen wichtigen Nährstoffen versorgt (siehe Kasten rechts). Aber es kommt nicht nur auf die Vielfalt an, sondern auch auf eine ausreichende Menge an pflanzlichen Lebensmitteln. Deshalb ist jedes Rezept mit Pflanzenpunkten versehen: Grüne Punkte spiegeln den jeweiligen Gemüseanteil wider, beigefarbene Punkte den Anteil an Hülsenfrüchten, Vollkorngetreide, Nüssen, Kernen, Samen und Obst. Das i-Tüpfelchen für Ihre Gesundheit: In den Rezepten werden auch noch möglichst viele Kräuter und Gewürze sowie ab und zu Kakao und dunkle Schokolade verwendet, die ebenfalls reich an wertvollen Pflanzenstoffen sind (siehe Seite 31). Hier die Kriterien, nach denen die Pflanzenpunkte vergeben wurden:

▶ Einen grünen Punkt gibt es jeweils für **150 Gramm Gemüse (= 1 Portion).** Das gilt für einzelne Sorten ebenso wie für einen bunten Gemüsemix.

▶ Einen beigefarbenen Punkt sammeln Sie mit jeweils mindestens:

- **100 g Obst** – auch hier zählen sowohl einzelne Sorten als auch ein Mix an verschiedenen Früchten.
- **50 g Vollkorngetreide**
- **100 g Hülsenfrüchten**
- **25 g Nüssen, Kernen und Samen**

▶ Was Sie morgens, mittags oder abends essen, können Sie selbst entscheiden. Es gibt für jeden Tag Vorschläge für ein Frühstück sowie ein kleines und ein größeres (Sattmacher-) Gericht. Auch innerhalb der Woche können Sie Mahlzeiten der einzelnen Tage nach Belieben tauschen.

▶ Sie haben Lust auf Süßes? Kein Problem! Unsere schnellen Obstdesserts (siehe Seite 118–121) liefern eine Extraportion Nährstoffe und ergänzen die Wochenpläne aufs Beste. Mein Tipp: Die Desserts am besten direkt im Anschluss an eine Hauptmahlzeit essen. So wirkt sich Süßes weniger stark auf den Blutzuckerspiegel aus. Die schnelle Alternative: einfach eine Portion (ca. 100 g) Obst pur essen. Zu empfehlen sind vor allem zuckerarme Sorten wie Beeren, Sauerkirschen und säuerliche Äpfel. Auch beim Obstsnacken sollten Sie möglichst auf die Regenbogenfarben achten und die Sorten häufiger abwechseln.

WIE ES WEITERGEHT

Wenn Sie zwei Wochen lang nach meinen Wochenplänen gegessen haben, haben Sie vielleicht Bekanntschaft mit Lebensmitteln gemacht, die Sie noch gar nicht kannten. Sie haben Neues zubereitet und kombiniert und bestimmt auch öfter mal gestaunt, wie lecker Pflanzen schmecken, wenn man sie gekonnt zubereitet. Damit sind Sie gut gerüstet, um sich allmählich von den festen Plänen und Rezepten zu lösen und auf eigene Faust mit einer gesunden pflanzenbasierten Ernährungsweise weiterzumachen. Probieren Sie es aus. Ihre Gesundheit wird es Ihnen danken!

Übersicht: Das kommt mit dem Masterplan garantiert auf den Teller

- 30 Gemüsesorten pro Woche
- Mindestens 3 Portionen Gemüse pro Tag
- Täglich mindestens 5 Portionen nährstoffreiche pflanzliche Lebensmittel, erkennbar an der Anzahl der grünen und beigefarbenen Punkte bei jedem Rezept
- Hülsenfrüchte an vier bis fünf Tagen pro Woche (idealerweise täglich)
- Täglich ausreichend Omega-3-Fettsäuren (zum Beispiel aus pflanzlichen Ölen)
- 3 bis 5 Eier pro Woche
- Jede Woche ein- bis zweimal Fisch
- Ein- bis zweimal Geflügel oder mageres Fleisch pro Woche
- Mehrmals pro Woche resistente Stärke aus abgekühlten Nudeln, Reis und Co.

DER 2-WOCHEN-PLAN FÜR MEHR GEMÜSE

30 verschiedene Gemüsesorten und über 50 Pflanzenpunkte in einer Woche: Das klingt kompliziert, ist es aber nicht. Das zeigen die Rezepte auf den nächsten Seiten, mit denen wir dieses Ziel sogar noch toppen. Denn mehr pflanzliche Lebensmittel auf dem Teller bedeuten nicht nur ein dickes Plus für Ihre Gesundheit – sie bereichern Ihren Speiseplan auch in Sachen Geschmack. Die Rezepte sind unkompliziert und leicht nachzukochen. Wenn etwas vorbereitet werden muss – wie etwa Kartoffeln vorkochen (Stichwort: resistente Stärke) oder ein Müsli zubereiten –, gibt es am Vortag einen kurzen Hinweis, damit Sie tags darauf entspannt ins Kochvergnügen starten können. Lassen Sie sich überraschen! Wetten, dass die beiden nächsten Wochen Sie zum echten Gemüsefan machen?

1 TAG 1

Rote Smoothiebowl mit Beeren

Für 2 Portionen
Zubereitung: ca. 15 Minuten

100 g gegarte Rote Bete (vakuumverpackt)
1 reife Banane
200 g TK-Beerenmix mit Roten Johannisbeeren
1–2 TL Zitronensaft
2 EL ungesüßtes helles Mandelmus
2 TL geschrotete Leinsamen
250 g Magerquark
1 EL Mineralwasser mit Kohlensäure
1 TL natürlicher Vanilleextrakt
1 TL Ahornsirup
3 EL geröstete Walnusskerne
10 g Zartbitterschokolade (mind. 75 % Kakaoanteil)

Pro Portion ca. 470 kcal,
25 g EW, 26 g F, 31 g KH

▶ Die Rote Bete grob würfeln. Banane schälen und in grobe Stücke schneiden. Beides mit den gefrorenen Beeren – ca. 1 EL voher beiseitestellen –, Zitronensaft, Mandelmus, Leinsamen und 100 ml kaltem Wasser in einen leistungsstarken Mixer geben und cremig pürieren. Anschließend in Müslischalen füllen.

▶ Quark mit Mineralwasser, Vanilleextrakt und Ahornsirup glatt rühren. Die Walnusskerne grob hacken, die Schokolade in dünne Späne schneiden (das gelingt am besten mit einem Sparschäler).

▶ Die Rote Smoothiebowl dekorativ mit Quark, Nüssen, Schokolade und den restlichen Beeren garnieren und sofort servieren.

Tipp: Durch die gefrorenen Beeren wird die Bowl besonders cremig. Wer keinen leistungsstarken Mixer zu Hause hat, lässt die Beeren einfach ca. 15 Minuten bei Zimmertemperatur antauen – dann lassen sie sich leichter zerkleinern.

TAG 1 1

Blumenkohl-Sattmachersalat

Für 2 Portionen
Zubereitung: ca. 25 Minuten

½ Blumenkohl (ca. 600 g)
2 EL + 1 TL Olivenöl
5–6 EL Zitronensaft
Salz | Pfeffer
¼ Salatgurke (ca. 100 g)
1 gelbe Paprikaschote
100 g Kirschtomaten
½ Bund Minze
1 Dose Kichererbsen
(240 g Abtropfgewicht)
25 g ungesüßtes helles Mandelmus
2 EL Ajvar (Paprikapaste)
20 g geröstete Mandelstifte

Pro Portion ca. 535 kcal,
23 g EW, 29 g F, 44 g KH

▶ Blumenkohl waschen und in Röschen teilen, den Strunk grob würfeln. Im Blitzhacker oder auf einer groben Haushaltsreibe auf Couscousgröße zerkleinern.

▶ In einer großen beschichteten Pfanne 2 EL Öl erhitzen, den Blumenkohl darin unter Wenden 1–2 Minuten andünsten. 4 EL Zitronensaft und 2 EL Wasser untermischen, salzen und pfeffern und weitere 1–2 Minuten dünsten. In eine Schüssel umfüllen, abkühlen lassen.

▶ Gurke waschen, längs halbieren, die Kerne herausschaben und das Fruchtfleisch in Scheiben schneiden. Paprika putzen, waschen und klein würfeln. Tomaten waschen und vierteln. Minze waschen, trocken schütteln, die Blätter von den Stielen zupfen und hacken. Kichererbsen in ein Sieb abgießen, kalt abspülen und abtropfen lassen.

▶ Mandelmus mit Ajvar, 1–2 EL Zitronensaft, 1 TL Öl und 1–2 EL lauwarmem Wasser zu einem cremigem Dressing verrühren. Mit Salz und Pfeffer würzen. Die vorbereiteten Zutaten mit dem Blumenkohl mischen, etwas Dressing darüberträufeln. Mit den Mandelstiften bestreuen und mit dem übrigen Dressing servieren.

Bunte Gemüsequiche mit Ziegenkäse

Für 8 Stücke (1 Portion = 2 Stücke, den Rest aufbewahren)
Zubereitung: ca. 25 Minuten
+ ca. 30 Minuten Wartezeit
+ ca. 50 Minuten Backzeit

1 geh. EL geschrotete Leinsamen
200 g Dinkelvollkornmehl | Salz
100 g kalte Butter (in Stücken)
1 große Stange Lauch
je 1 rote und gelbe Paprikaschote
250 g Rotkohl (ca. ¼ Kopf)
2 Möhren
1 EL Olivenöl
Pfeffer
300 g Ziegenfrischkäse
150 ml Milch
2 EL Speisestärke
1 geh. EL Sojamehl
1 TL Backpulver
geriebene Muskatnuss

Pro Stück ca. 325 kcal,
11 g EW, 19 g F, 28 g KH

▶ Leinsamen in 3 EL heißem Wasser ca. 10 Minuten quellen lassen. Mehl, 1 TL Salz, Butter, gequollenen Leinsamen und 1–2 EL kaltes Wasser rasch zu Mürbeteig verkneten. Teig zwischen zwei Lagen Backpapier rund ausrollen und eine Quicheform (28 cm ø) damit auslegen. Dabei einen Rand andrücken. Oberes Backpapier abziehen und den Teig mit einer Gabel mehrmals einstechen. Mindestens 30 Minuten kalt stellen.

▶ Das Gemüse putzen und waschen, Möhren schälen. Den Lauch längs halbieren und in dünne Streifen schneiden. Möhren ca. 1 cm groß würfeln. Paprika und Rotkohl ebenfalls in dünne Streifen schneiden. Jeweils die Hälfte des Öls in einer Pfanne erhitzen, das Gemüse darin portionsweise unter Wenden je 3–4 Minuten garen. Salzen, pfeffern, herausnehmen.

▶ Den Backofen auf 200 °C (180 °C Umluft) vorheizen. Für den Guss den Frischkäse und die Milch glatt rühren. Stärke, Sojamehl, Backpulver, 1 TL Salz, Pfeffer und etwas Muskatnuss unterrühren. Das Gemüse in der Form verteilen, den Guss darübergießen. Im Ofen auf der 2. Schiene von unten 40–50 Minuten backen, am Ende eventuell abdecken. Auf einem Kuchengitter etwas abkühlen lassen. Aus der Form lösen und pro Portion 2 Stücke lauwarm oder kalt servieren. Die übrige Quiche lässt sich im Kühlschrank bis zu 3 Tage aufbewahren oder stückweise bis zu 3 Monate einfrieren.

1 TAG 2

Omelett mit Blattspinat und Tomaten

Für 2 Portionen
Zubereitung: ca. 20 Minuten

1 Zwiebel
300 g Babyspinat
3 EL Olivenöl
Salz | Pfeffer
1 Msp. geriebene Muskatnuss
2 Bio-Eier (Größe M)
2 EL Milch
2 Tomaten
4 Stiele Basilikum
2 TL Balsamicoessig
2 Scheiben Vollkornsauerteigbrot (à ca. 50 g)

Pro Portion ca. 425 kcal,
23 g EW, 25 g F, 24 g KH

▶ Zwiebel schälen und fein würfeln. Spinat waschen und abtropfen lassen. In einer beschichteten Pfanne 1 EL Öl erhitzen, die Zwiebel darin andünsten. Spinat dazugeben und 2–3 Minuten zusammenfallen lassen. Mit Salz, Pfeffer und Muskat würzen. Herausnehmen.

▶ Die Eier mit Milch und etwas Salz verquirlen. 1 EL Öl in der Pfanne erhitzen. Eiermasse hineingeben und durch Schwenken der Pfanne verteilen. Bei mittlerer Hitze 3–4 Minuten stocken lassen. Den Spinat darauf verteilen und weitere 3–4 Minuten stocken lassen.

▶ Die Tomaten waschen und achteln. Das Basilikum waschen, trocken schütteln und die Blätter abzupfen. Tomaten und Basilikum mit dem übrigen Öl und dem Essig mischen, mit Salz und Pfeffer abschmecken.

▶ Das Omelett aus der Pfanne nehmen, locker aufrollen und in Scheiben schneiden. Mit dem Tomatensalat auf Tellern anrichten, das Brot dazu servieren.

To do: Für das Frühstück morgen (siehe Seite 52) muss der Chiapudding über Nacht quellen. Treffen Sie also schon heute die nötigen Vorbereitungen.

TAG 2 1

Schnelle Minestrone mit Bohnen

▶ Die Möhre putzen, schälen und schräg in dünne Scheiben schneiden. Zucchini putzen, waschen und in ca. 1 cm große Würfel schneiden. Sellerie putzen, waschen und in ca. ½ cm breite Stücke schneiden.

▶ In einem größeren Topf 2 EL Öl erhitzen. Gemüse darin unter Wenden anbraten. Tomatenmark und Oregano dazugeben, kurz anrösten. 750 ml Wasser dazugießen, Tomaten und Lorbeer hinzufügen, mit Salz und Pfeffer würzen. Alles aufkochen und ca. 10 Minuten köcheln lassen. Bohnen in ein Sieb abgießen, kalt abspülen, zur Suppe geben und diese weitere 2–3 Minuten weiterköcheln lassen.

▶ Inzwischen Basilikum waschen, trocken schütteln und die Blätter abzupfen. Die Hälfte der Blätter grob hacken, den Rest beiseitestellen. Gehacktes Basilikum mit 2 EL Öl und dem Zitronensaft im Blitzhacker fein pürieren. Zitronenabrieb unterrühren, mit Salz würzen.

▶ Die Minestrone mit Salz und Pfeffer würzen. In tiefen Tellern anrichten, mit etwas Basilikumöl beträufeln, mit Parmesan bestreuen und mit Basilikum garnieren. Übriges Öl und restlichen Käse dazu servieren.

Für 2 Portionen
Zubereitung: ca. 25 Minuten

1 Möhre | 1 Zucchini
3 Stangen Staudensellerie
4 EL Olivenöl
1 EL Tomatenmark
1 TL getr. Oregano
1 Dose stückige Tomaten (400 g)
1 Lorbeerblatt
Salz | Pfeffer
1 Dose weiße Bohnen (z. B. Cannellinibohnen; 260 g Abtropfgewicht)
1 Bund Basilikum
Saft und abgeriebene Schale von ½ Bio-Zitrone
50 g geriebener Parmesan (oder Montello)

Pro Portion ca. 480 kcal, 21 g EW, 31 g F, 30 g KH

Ratatouille-Crumble mit Haferstreuseln

Für 2 Portionen
Zubereitung: ca. 35 Minuten
+ ca. 25 Minuten Backzeit

1 rote Zwiebel
1 Knoblauchzehe
1 orangefarbene Paprikaschote
1 kleine Zucchini (ca. 250 g)
1 kleine Aubergine (ca. 250 g)
3 Tomaten
je 3 Stiele Thymian, Oregano und Rosmarin
1 EL Rapsöl
Salz | Pfeffer
1 EL Pinienkerne
40 g Dinkelvollkornmehl
40 g Haferflocken
50 g kalte Butter (in Stücken)
50 g Feta
Fett für die Auflaufform

Pro Portion ca. 625 kcal,
19 g EW, 38 g F, 52 g KH

▶ Zwiebel und Knoblauch schälen und fein würfeln. Das Gemüse putzen und waschen. Paprika in Würfel schneiden. Zucchini längs halbieren und in Scheiben schneiden. Die Aubergine würfeln. Die Tomaten ebenfalls in Würfel schneiden. Die Kräuter waschen und trocken schütteln, die Blättchen bzw. Nadeln abzupfen und klein hacken.

▶ Das Öl in einem Topf erhitzen, Zwiebel, Knoblauch und Gemüse – bis auf die Tomaten – darin unter Wenden ca. 5 Minuten andünsten. Dann die Kräuter dazugeben. Die Tomaten und 50 ml Wasser hinzufügen, mit Salz und Pfeffer würzen und zugedeckt ca. 20 Minuten schmoren lassen. Dabei öfter umrühren.

▶ Inzwischen den Backofen auf 200 °C (175 °C Umluft) vorheizen. Für die Crumblestreusel die Pinienkerne im Blitzhacker grob zerkleinern. Mehl, Haferflocken, Butter und ½ TL Salz dazugeben und im Blitzhacker oder mit den Händen zu Streuseln verkneten.

▶ Eine flache Auflaufform einfetten. Das Ratatouille mit Salz und Pfeffer würzen und in die Form füllen. Den Feta darüberbröseln und die Streusel darauf verteilen. Den Ratatouille-Crumble im Ofen auf der mittleren Schiene ca. 25 Minuten backen.

1 TAG 3

Nuss-Chiapudding mit Trauben

Für 2 Portionen
Zubereitung: ca. 15 Minuten
+ ca. 12 Stunden Wartezeit

1 Medjool-Dattel
250 ml Milch (oder ungesüßter Pflanzendrink)
5 EL Chiasamen
200 g Magerquark
Mark von ½ Vanilleschote (oder ½ TL natürlicher Vanilleextrakt)
200 g dunkle Weintrauben
2 EL geröstete Walnüsse
1 TL geraspelte Zartbitterschokolade (mind. 75 % Kakaoanteil)

Pro Portion ca. 440 kcal,
26 g EW, 21 g F, 33 g KH

▶ Am Vortag die Dattel entsteinen und mit Milch im Mixer pürieren. Chiasamen mit Dattelmilch, Quark und Vanille in einer Schüssel verrühren und ca. 15 Minuten quellen lassen. Inzwischen die Trauben waschen, von den Rispen zupfen und halbieren.

▶ Die Chiamasse gut durchrühren. Die Hälfte der Masse auf zwei große Schraubgläser (à ca. 400 ml Inhalt) verteilen und die Hälfte der Trauben und Nüsse einschichten. Restliche Chiamasse darauf verteilen. Die übrigen Trauben daraufgeben. Die Gläser verschließen und über Nacht im Kühlschrank kalt stellen.

▶ Am nächsten Morgen den Chiapudding mit den restlichen Nüssen und der geraspelten Zartbitterschokolade bestreut servieren. Oder im Glas als Frühstück mitnehmen und später genießen.

Tipp: Die winzigen Chiasamen stecken randvoll mit Omega-3-Fettsäuren und Eiweiß. Ihr Kalziumgehalt ist sogar fünfmal so hoch wie der von Milch. Und dank ihrer Ballaststoffe machen sie schön satt!

TAG 3 1

Griechischer Salat mit Knusperfeta

Für 2 Portionen
Zubereitung: ca. 25 Minuten

½ Eisbergsalat
1 rote Zwiebel
100 g Kirschtomaten
½ Salatgurke
1 Glas eingelegte Artischocken (160 g Abtropfgewicht)
1 EL Pistazienkerne
1 EL geschrotete Leinsamen
150 g Feta | 3 EL Olivenöl
1 EL Zitronensaft
1 TL abgeriebene Bio-Zitronenschale
1 EL Weißweinessig
½ TL mittelscharfer Senf
Salz | Pfeffer | 4 Stiele Thymian
50 g entsteinte schwarze Oliven

Pro Portion ca. 510 kcal,
20 g EW, 43 g F, 10 g KH

► Salat putzen, waschen, trocken schütteln und in mundgerechte Stücke schneiden. Die Zwiebel schälen, halbieren und in dünne Scheiben schneiden oder hobeln. Tomaten waschen und halbieren. Gurke waschen, längs halbieren und klein würfeln. Artischocken abgießen und abtropfen lassen.

► Die Pistazien klein hacken. Mit Leinsamen in einer Pfanne ohne Fett rösten, bis sie duften. Auf einen flachen Teller geben. Feta in Würfel schneiden und die Würfel in der Leinsamen-Pistazien-Mischung wenden.

► Für das Dressing Öl, Zitronensaft und -schale, Essig, Senf, Salz und Pfeffer in ein Schraubglas geben und kräftig schütteln. Thymian waschen, trocken schütteln, die Blätter abzupfen und hacken. Unter das Dressing mischen. Das Dressing eventuell nochmals mit Salz und Pfeffer abschmecken.

► Die Salatblätter in eine flache Schale geben. Zwiebel, Tomaten, Gurke, Oliven und Artischocken darauf verteilen. Die Fetawürfel darübergeben und den Salat mit etwas Dressing beträufeln. Das restliche Dressing dazu servieren.

Sobanudelsuppe mit Hackbällchen

Für 2 Portionen
Zubereitung: ca. 25 Minuten

1 Stange Lauch
50 g Mungobohnensprossen
je 250 g Brokkoli- und Blumenkohlröschen (frisch oder TK)
200 g mageres Bio-Rinderhackfleisch
1 EL geschrotete Leinsamen
1 TL mittelscharfer Senf
Salz | Pfeffer
30 g helle Misopaste
(aus dem Bio- oder Asialaden)
1 EL Sojasauce
100 g Sobanudeln (aus Buchweizen; aus dem Bio- oder Asialaden)
1 TL Zitronensaft
2 EL gehackter Koriander

Pro Portion ca. 465 kcal,
42 g EW, 8 g F, 52 g KH

▶ Den Lauch putzen, waschen, längs halbieren und in dünne Scheiben schneiden. Mungobohnensprossen waschen und verlesen. Frischen Brokkoli und Blumenkohl putzen und waschen.

▶ Das Rinderhack mit Leinsamen und Senf verkneten und mit Salz und Pfeffer würzen. Aus der Masse mit leicht angefeuchteten Händen kleine Bällchen formen.

▶ In einem Topf 100 ml Wasser mit der Misopaste glatt rühren. Dann 600 ml Wasser dazugeben und aufkochen. Sojasauce dazugeben. Lauch, vorbereiteten frischen oder gefrorenen Brokkoli und Blumenkohl hinzufügen und ca. 5 Minuten köcheln lassen. Sobanudeln und Hackbällchen dazugeben und unter gelegentlichem Rühren je nach Packungsanweisung der Nudeln 4–5 Minuten köcheln lassen. Kurz vor Ende der Garzeit die Sprossen dazugeben.

▶ Die Suppe mit Zitronensaft, Pfeffer und eventuell etwas Sojasauce abschmecken. Mit Koriander bestreuen und nach Belieben mit Chilisauce servieren.

To do: Für den Nudelsalat morgen (siehe Seite 58) 150 g Vollkornnudeln in kochendem Salzwasser nach Packungsanweisung garen, abgießen, abkühlen lassen und abgedeckt über Nacht kalt stellen.

1 TAG 4

Avocado-Sandwich mit Mozzarella

Für 2 Portionen
Zubereitung: ca. 15 Minuten

2 Scheiben Vollkornsauerteigbrot (à ca. 50 g)
2 TL Tahin (Sesampaste)
1 Kugel Mozzarella (125 g)
1 reife Avocado
1 Bund Radieschen
Salz | Pfeffer
½ Beet Kresse
½ Salatgurke
2 TL geröstete Sesamsamen

Pro Portion ca. 480 kcal, 20 g EW, 32 g F, 28 g KH

▶ Die Brotscheiben toasten und mit jeweils 1 TL Tahin bestreichen. Mozzarella abtropfen lassen und in Scheiben schneiden. Die Avocado halbieren, den Kern entfernen, das Fruchtfleisch aus der Schale lösen und in dünne Spalten schneiden. Die Radieschen putzen, waschen und in dünne Scheiben hobeln oder schneiden.

▶ Die Avocadospalten, Mozzarella- und Radieschenscheiben im Wechsel fächerförmig auf die Brote legen. Mit Salz und Pfeffer würzen. Die Kresse vom Beet schneiden, waschen und auf den Broten verteilen.

▶ Die Gurke putzen, waschen und in Scheiben schneiden. Die Gurkenscheiben mit Sesam bestreuen und zu den Sandwiches servieren.

Tipp: Statt Tahin schmeckt auch ungesüßtes Nuss- oder dunkles Mandelmus auf den Broten. Mandelmus gibt es in einer milden hellen oder einer kräftigeren dunklen Variante – beide liefern gesunde Fette.

TAG 4 1

Indische Wurzelgemüsesuppe

Für 2 Portionen
Zubereitung: ca. 30 Minuten

1 rote Zwiebel
1 Knoblauchzehe
400 g Möhren
250 g Pastinaken
100 g Petersilienwurzeln
1 EL Olivenöl
1 TL Currypulver
1 EL Sojamehl
600 ml Gemüsebrühe
30 g Cashewkerne
Salz | Chilipulver
(oder edelsüßes Paprikapulver)
4 Stiele Minze
150 g Kokosmilch
2–3 TL Limettensaft | Pfeffer

Pro Portion ca. 520 kcal,
13 g EW, 33 g F, 43 g KH

▶ Zwiebel und Knoblauch schälen und fein würfeln. Möhren, Pastinaken und Petersilienwurzeln putzen, schälen und grob würfeln.

▶ Das Öl in einem Topf erhitzen, die Zwiebel darin unter Rühren andünsten. Gemüse und Knoblauch dazugeben und 2–3 Minuten mitdünsten. Mit Currypulver und Sojamehl bestäuben, kurz anschwitzen. Die Brühe dazugießen, alles aufkochen und ca. 18 Minuten sanft köcheln lassen.

▶ Inzwischen die Cashewkerne in einer Pfanne ohne Fett rösten, bis sie duften. Leicht salzen und mit etwas Chilipulver bestäuben. Aus der Pfanne nehmen. Minze waschen, trocken schütteln und die Blätter abzupfen. Einige Blätter zum Garnieren beiseitelegen, den Rest grob schneiden.

▶ Die Suppe vom Herd nehmen, die Kokosmilch und die Minze dazugeben. Alles mit dem Stabmixer cremig pürieren, mit Limettensaft, Salz und Pfeffer würzen. Die Wurzelgemüsesuppe in tiefen Tellern anrichten, mit den Cashewkernen bestreuen und mit den übrigen Minzeblättern garnieren.

Nudelsalat mit Rosenkohl und Räuchertofu

Für 2 Portionen
Zubereitung: ca. 30 Minuten

500 g Rosenkohl
1 rote Zwiebel
5 Zweige Thymian
3 EL Olivenöl
½ Bio-Zitrone
3 TL mittelscharfer Senf
1 TL Ahornsirup
Salz | Cayennepfeffer
150 g Räuchertofu
▶ gegarte Vollkornnudeln
(siehe Seite 54; z. B. Mezzi Rigatoni)

Pro Portion ca. 605 kcal,
34 g EW, 24 g F, 60 g KH

▶ Rosenkohl putzen, waschen und je nach Größe halbieren oder vierteln. Zwiebel schälen, halbieren und in dünne Spalten schneiden. Thymian waschen, trocken schütteln und die Blättchen abzupfen. In einer weiten Pfanne 1 EL Öl erhitzen, Rosenkohl und Zwiebel darin unter Wenden ca. 5 Minuten kräftig anbraten. Thymian und 50 ml Wasser dazugeben, aufkochen und zugedeckt 8–10 Minuten sanft köcheln lassen, bis der Rosenkohl bissfest ist.

▶ Für das Dressing die Zitrone heiß waschen, trocken reiben, die Schale fein abreiben und den Saft auspressen. Senf, 1 EL Zitronensaft und -schale, Ahornsirup, Salz und Cayennepfeffer verquirlen. Zuletzt 1 EL Öl unterschlagen. Den Tofu sehr klein würfeln. Das restliche Öl in einer zweiten Pfanne erhitzen und den Tofu darin unter Wenden ca. 10 Minuten knusprig braten.

▶ Gegarte Nudeln, Rosenkohl und Zwiebel unter das Dressing mischen. Mit Salz, Cayennepfeffer und eventuell noch etwas Zitronensaft abschmecken. Den Nudelsalat auf Tellern anrichten und mit Tofu bestreuen.

To do: Für das Hummushähnchen morgen (siehe Seite 62) 400 g Kartoffeln waschen und knapp mit Wasser bedeckt ca. 20 Minuten garen. Abgießen, abkühlen lassen und abgedeckt über Nacht kalt stellen.

1 TAG 5

Creamy Green Smoothie

Für 2 Portionen
Zubereitung: ca. 20 Minuten

100 g Babyspinat
4 Stangen Staudensellerie
1 haselnussgroßes Stück Ingwer
1 reife Birne
400 ml ungesüßter Sojadrink
100 g Magerquark
20 g geschälte Hanfsamen
3 EL ungesüßtes helles Mandelmus

Pro Portion ca. 330 kcal,
21 g EW, 18 g F, 21 g KH

▶ Den Spinat verlesen, waschen und abtropfen lassen. Sellerie putzen, waschen und in grobe Stücke schneiden, falls nötig, die harten Fäden abziehen. Den Ingwer schälen und grob würfeln. Die Birne waschen, vierteln und entkernen.

▶ Alle vorbereiteten Zutaten mit Sojadrink, Quark, Hanfsamen und Mandelmus in einen leistungsstarken Mixer geben und fein pürieren. In zwei Gläser füllen und sofort servieren.

Tipp: Je mehr Gemüse in einem Smoothie steckt, umso besser. Denn sonst schnellt der Zuckeranteil leicht mal zu stark nach oben. Auch wichtig: Man sollte einen Smoothie nicht wie einen Saft trinken, sondern besser in kleinen Schlucken genießen, gern auch löffeln und „kauen". Das gelingt gerade bei cremigen Smoothies wie diesem sehr gut!

TAG 5 1

Gemüserösti mit Kräuterquark

Für 2 Portionen
Zubereitung: ca. 50 Minuten

2 EL geschrotete Leinsamen
200 g Möhren
1 kleine Zucchini | 1 Stange Lauch
2 EL Dinkelvollkornmehl
Salz | Pfeffer
2 EL + 4 TL Rapsöl
1 Bund gemischte Kräuter
(z. B. Petersilie, Dill, Schnittlauch)
250 g Magerquark
1 EL Mineralwasser mit Kohlensäure
1 TL Zitronensaft
1 ½ TL mittelscharfer Senf
100 g Blattsalatmischung
mit Radicchio (aus dem Kühlregal)
1 EL Weißweinessig

Pro Portion ca. 460 kcal,
28 g EW, 26 g F, 29 g KH

▶ Den Leinsamen in 6 EL heißem Wasser quellen lassen. Inzwischen die Möhren putzen, schälen und grob raspeln. Zucchini putzen, waschen und grob raspeln. Die Raspel in einem sauberen Geschirrtuch gut ausdrücken. Den Lauch putzen, waschen, längs halbieren und fein schneiden. Gemüse mit eingeweichtem Leinsamen, Mehl, 1 TL Salz und Pfeffer in einer Schüssel mit den Händen gut verkneten.

▶ In einer großen beschichteten Pfanne 2 EL Öl portionsweise erhitzen. Aus der Röstimasse nach und nach 8–10 kleine Rösti backen. Dazu je 1 gehäuften EL der Masse in die Pfanne setzen, etwas flach drücken und bei mittlerer Hitze auf jeder Seite 4–5 Minuten goldbraun backen. Auf Küchenpapier abtropfen lassen.

▶ Kräuter waschen, trocken schütteln, Blätter abzupfen und hacken, Schnittlauch in Röllchen schneiden. Quark mit Mineralwasser, Zitronensaft und 1 TL Senf glatt rühren. Kräuter dazugeben, salzen und pfeffern. Den Salat waschen und trocken schleudern. Für das Dressing den Essig mit ½ TL Senf, Salz und Pfeffer verrühren. 4 TL Öl darunterschlagen. Salat und Dressing mischen. Die Rösti mit Quark und Salat anrichten.

Hummushähnchen mit Bohnensalat

Für 2 Portionen
Zubereitung: ca. 30 Minuten

400 g grüne Bohnen
Salz
2 Hähnchenbrustfilets (à ca. 150 g)
Pfeffer
1 TL geräuchertes Paprikapulver (oder edelsüßes Paprikapulver)
1 TL + 3 EL Olivenöl
70 g Hummus (selbst gemacht oder Fertigprodukt)
2 Frühlingszwiebeln
1 kleine Knoblauchzehe
2 Tomaten (ca. 100 g)
1 EL Weißweinessig
1 TL Balsamicoessig
▶ gegarte Kartoffeln (siehe Seite 58)

Pro Portion ca. 600 kcal,
46 g EW, 26 g F, 43 g KH

▶ Den Backofen auf 225 °C (200 °C Umluft) vorheizen. Bohnen putzen, waschen und halbieren. In kochendem Salzwasser ca. 12 Minuten garen.

▶ Inzwischen das Hähnchen mit Salz, Pfeffer und Paprika würzen. 1 TL Öl in einer beschichteten Pfanne erhitzen und die Filets darin auf jeder Seite 3–4 Minuten braten. Anschließend in eine flache Auflaufform setzen und mit je der Hälfte des Hummus bestreichen. Die Hähnchenfilets im Ofen auf der mittleren Schiene 10–12 Minuten garen.

▶ Währenddessen für das Dressing Frühlingszwiebeln putzen, waschen und fein schneiden. Knoblauch schälen und fein würfeln. Tomaten waschen, trocken tupfen und auf der groben Haushaltsreibe in eine Schüssel reiben, sodass nur die Haut übrig bleibt. Knoblauch, beide Essigsorten, Salz und Pfeffer unterrühren. Zuletzt 3 EL Öl unterschlagen.

▶ Die vorgekochten Kartoffeln pellen und in ca. 2 cm große Würfel schneiden. Die gegarten Bohnen in ein Sieb abgießen und abtropfen lassen. Noch warm mit den Frühlingszwiebeln und Kartoffeln unter das Dressing mischen. Mit Salz und Pfeffer würzen. Das Hummushähnchen mit dem Salat servieren.

1 TAG 6

Pesto-Spiegelei mit Zoodlessalat

Für 2 Portionen
Zubereitung: ca. 20 Minuten

4 Stiele Basilikum
2 TL Zitronensaft
Salz | Pfeffer
4 TL Olivenöl
1 mittelgroße Zucchini (ca. 300 g)
100 g Kirschtomaten
100 g Feta
2 EL grünes Pesto (aus dem Glas)
2 Bio-Eier (Größe M)
2 Scheiben Vollkornsauerteigbrot (à ca. 50 g)

Pro Portion ca. 490 kcal,
24 g EW, 33 g F, 25 g KH

▶ Basilikum waschen, trocken schütteln und die Blätter abzupfen, einige Blätter zum Garnieren beiseitelegen, den Rest fein schneiden. Den Zitronensaft mit Salz und Pfeffer verrühren, 3 TL Öl unterschlagen. Das geschnittene Basilikum untermischen.

▶ Zucchini putzen, waschen, trocken reiben und mit einem Spiralschneider in „Zoodles" schneiden. Mit etwas Salz würzen. Tomaten waschen und halbieren. Die Zoodles trocken tupfen. 1 TL Öl in einer beschichteten Pfanne erhitzen, die Zoodles darin unter Wenden ca. 5 Minuten kräftig anbraten. Mit Tomaten und Dressing mischen. Den Feta darüberbröseln.

▶ Das Pesto als zwei Kleckse in die Pfanne geben und erhitzen. Je 1 Ei daraufschlagen, salzen und zum Spiegelei braten. Mit Zoodlessalat und Brot servieren.

Tipp: Sie haben keinen Spiralschneider? Dann können Sie die Zucchini einfach mit einem Sparschäler der Länge nach in hauchdünne Scheiben schneiden und diese anbraten.

TAG 6 1

Chicoréegratin mit Walnüssen

Für 2 Portionen
Zubereitung: ca. 20 Minuten
+ ca. 25 Minuten Backzeit

1 Zwiebel
1 Knoblauchzehe
2 EL Olivenöl
1 Dose stückige Tomaten (400 g)
1 TL getr. Oregano
Salz | Pfeffer
6 Chicorée
1 Kugel Mozzarella (125 g)
1 Becher saure Sahne (150 g)
30 g Walnusskerne
Fett für die Form

Pro Portion ca. 630 kcal,
27 g EW, 47 g F, 24 g KH

▶ Den Backofen auf 225 °C (200 °C Umluft) vorheizen. Eine flache rechteckige Auflaufform dünn einfetten. Zwiebel und Knoblauch schälen und fein würfeln. 1 EL Öl in einem Topf erhitzen, Zwiebel und Knoblauch darin andünsten. Tomaten, 100 ml Wasser, Oregano, Salz und Pfeffer dazugeben, aufkochen und die Tomatensauce dann ca. 10 Minuten sanft köcheln lassen.

▶ Inzwischen Chicorée waschen, unschöne Außenblätter entfernen und Stauden jeweils längs halbieren. 1 EL Öl in einer großen Pfanne erhitzen,die Chicoréehälften darin unter Wenden 3–4 Minuten anbraten.

▶ Die Tomatensauce mit Salz und Pfeffer abschmecken und in die Auflaufform füllen. Die Chicoréehälften in die Auflaufform setzen. Mozzarella abtropfen lassen und in grobe Stücke schneiden, mit der sauren Sahne pürieren. Die Mozzarellacreme in Klecksen auf dem Gratin verteilen. Im Ofen auf der mittleren Schiene 10 Minuten backen. Inzwischen die Walnüsse grob hacken und über das Gratin streuen. Das Chicoréegratin weitere 10–15 Minuten backen.

Buddhabowl mit Kichererbsen

Für 2 Portionen
Zubereitung: ca. 35 Minuten

1 Dose Kichererbsen
(240 g Abtropfgewicht)
½ Hokkaidokürbis (ca. 500 g)
2 EL Rapsöl
¼ TL gemahlener Kreuzkümmel
¼ TL Zimtpulver
Salz
80 g Hirse
300 g Rotkohl (ca. ¼ kleiner Kopf)
80 g Feldsalat
150 g Joghurt
2 EL Tahin (Sesampaste)
1–2 TL Zitronensaft
Pfeffer
3 EL gehackte Kräuter (z. B. Petersilie, Minze und/oder Koriander)
2 EL Granatapfelkerne

Pro Portion ca. 615 kcal,
24 g EW, 23 g F, 74 g KH

▶ Den Backofen auf 200 °C (180 °C Umluft) vorheizen. Kichererbsen in einem Sieb kalt abspülen, abtropfen lassen und trocken tupfen. Kürbis waschen, entkernen und ca. 2 cm groß würfeln. Öl mit Kreuzkümmel, Zimt und Salz verrühren. Kichererbsen und Kürbis untermischen und alles auf einem mit Backpapier belegten Blech verteilen. Im Ofen auf der mittleren Schiene 20–25 Minuten backen.

▶ Inzwischen die Hirse kalt abspülen. Mit 175 ml Wasser und Salz in einem Topf aufkochen und zugedeckt ca. 15 Minuten köcheln lassen. Vom Herd nehmen und zugedeckt weitere ca. 10 Minuten quellen lassen. Den Rotkohl waschen und in feine Streifen schneiden oder hobeln. Den Feldsalat waschen und trocken schütteln. Für das Dressing Joghurt mit Tahin, Zitronensaft und eventuell noch 1 EL Wasser glatt rühren. Mit Salz und Pfeffer abschmecken.

▶ Die Kräuter unter die Hirse mischen, die Hirse auf Schalen verteilen. Kichererbsen, Kürbis, Rotkohl, Salat und Granatapfelkerne daraufgeben. Mit etwas Dressing beträufeln, den Rest extra dazu reichen.

To do: Für die Reispfanne morgen (siehe Seite 70) 100 g Vollkornbasmatireis nach Packungsanweisung in Salzwasser garen, danach abkühlen lassen und abgedeckt über Nacht kalt stellen.

1 TAG 7

Quark-Pancakes mit Obstsalat

Für 2 Portionen
Zubereitung: ca. 45 Minuten

1 EL geschrotete Leinsamen
1 Orange | 1 Kiwi
100 g blaue Weintrauben
Saft von ½ Zitrone
1 TL Ahornsirup
2 Stiele Minze
2 TL Mandelstifte
50 g Apfelmark
200 g Magerquark
110 g Dinkelvollkornmehl
1 geh. TL Backpulver
½ TL Zimtpulver | Salz
50 ml Milch (oder ungesüßter Pflanzendrink)
1 EL Rapsöl

Pro Portion ca. 500 kcal,
25 g EW, 13 g F, 66 g KH

▶ Leinsamen im Blitzhacker zu feinem Mehl mahlen. In 3 EL heißem Wasser ca. 20 Minuten quellen lassen.

▶ Für den Obstsalat Orange so schälen, dass die weiße Haut auch entfernt wird. Filets zwischen den Trennhäuten herausschneiden, Saft dabei auffangen. Filets halbieren, den Saft aus den Trennhäuten drücken. Kiwi schälen und würfeln. Trauben waschen, von den Rispen zupfen und halbieren. Zitronensaft und aufgefangenen Orangensaft mit Ahornsirup in einer Schüssel verrühren. Minze waschen, trocken schütteln, die Blätter abzupfen und in feine Streifen schneiden. Mit dem Obst in die Schüssel geben und alles gut mischen. Mandeln in einer beschichteten Pfanne ohne Fett rösten. Herausnehmen und über den Obstsalat streuen.

▶ Apfelmark und Quark glatt rühren. Mehl, Backpulver, Zimt und Salz mischen. Mit eingeweichten Leinsamen, Quarkmischung und Milch zu einem glatten Teig verrühren. Das Öl portionsweise in einer großen beschichteten Pfanne erhitzen. Pro Pancake einen gehäuften EL Teig in die Pfanne geben und etwas flach streichen (ergibt ca. 8 Stück). Auf jeder Seite 3–4 Minuten braten. Mit dem Obstsalat servieren.

TAG 7 1

Rote-Bete-Caprese mit Feldsalat

▶ Für das Dressing die Frühlingszwiebel putzen und waschen. Den weißen Teil fein würfeln, den grünen in Ringe schneiden und beiseitestellen.

▶ In einem kleinen Topf 2 TL Öl erhitzen und die weißen Frühlingszwiebelteile darin kurz andünsten. Die Nüsse dazugeben und unter Wenden kurz rösten. Den Essig angießen und den Topf vom Herd nehmen. Das übrige Olivenöl und das Walnussöl unterschlagen, die Nussvinaigrette mit Salz und Pfeffer abschmecken.

▶ Den Feldsalat putzen, waschen und trocken schleudern. Die Rote Bete abtropfen lassen und in dünne Scheiben schneiden. Den Mozzarella abtropfen lassen und ebenfalls in dünne Scheiben schneiden.

▶ Rote-Bete- und Mozzarellascheiben im Wechsel leicht überlappend auf Tellern auslegen. Die Hälfte des Feldsalats jeweils in die Mitte setzen. Mit der Nussvinaigrette beträufeln und die grünen Frühlingszwiebelringe darüberstreuen.

Für 2 Portionen
Zubereitung: ca. 20 Minuten

1 Frühlingszwiebel
5 TL Olivenöl
25 g gehackte Walnusskerne
1 TL Balsamicoessig
1 TL Walnussöl
Salz | Pfeffer
150 g Feldsalat
200 g gegarte Rote Bete (vakuumverpackt)
1 Maxikugel Mozzarella (200 g)

Pro Portion ca. 555 kcal,
24 g EW, 47 g F, 10 g KH

1 TAG 7

Asia-Reispfanne mit Ei

Für 2 Portionen
Zubereitung: ca. 25 Minuten

3 Frühlingszwiebeln
2 Knoblauchzehen
1 walnussgroßes Stück Ingwer
1 Pak Choi (ca. 350 g)
1 gelbe Paprikaschote
250 g Shiitakepilze
(oder braune Champignons)
2 EL Rapsöl
2 EL ungesalzene Erdnusskerne
▶ gegarter Vollkornbasmatireis
(siehe Seite 66)
2–3 EL Sojasauce
2 Bio-Eier (Größe M) | Salz
½ Bund Koriander
2 Limettenspalten

Pro Portion ca. 545 kcal,
21 g EW, 24 g F, 64 g KH

▶ Die Frühlingszwiebeln putzen und waschen. Die weißen Teile klein schneiden, die grünen Teile in Ringe schneiden und beiseitelegen. Knoblauch und Ingwer schälen und fein würfeln. Pak Choi putzen, waschen und in dünne Streifen schneiden. Die Paprika putzen, waschen und würfeln. Die Pilze trocken abreiben und je nach Größe halbieren oder vierteln. Die Erdnüsse in einer kleinen Pfanne ohne Fett rösten.

▶ Das Öl in einer beschichteten Pfanne erhitzen. Die weißen Teile der Frühlingszwiebeln, Knoblauch, Ingwer, Pak Choi, Paprika und Pilze darin unter Wenden ca. 5 Minuten anbraten. Den vorgegarten Reis dazugeben, alles gut mischen und weitere 4–5 Minuten braten. Anschließend mit Sojasauce würzen.

▶ Eier mit etwas Salz verquirlen. Den Reis-Gemüse-Mix in der Pfanne zur Seite schieben. Die Eiermasse in den freien Teil der Pfanne geben und 3–4 Minuten zu einem Rührei braten. Mit dem Gemüsereis mischen.

▶ Den Koriander waschen, trocken schütteln und die Blätter abzupfen. Die Reispfanne mit Erdnüssen, Koriander und Limettenspalten anrichten. Nach Belieben Chiliöl dazu servieren.

Italo-Schnitte mit Rucolasalat

Für 2 Portionen
Zubereitung: ca. 25 Minuten

250 g Ricotta
je 2 TL Zitronensaft und abgeriebene Bio-Zitronenschale
Salz | Pfeffer
2 Scheiben Vollkornsauerteigbrot (à ca. 50 g)
2 reife Feigen
1 TL + 1 EL Olivenöl
2 TL geröstete Kürbiskerne
100 g Rucola
100 g Kirschtomaten
1 EL Weißweinessig
½ TL mittelscharfer Senf

Pro Portion ca. 495 kcal, 23 g EW, 27 g F, 40 g KH

▶ Den Ricotta mit Zitronensaft und -schale glatt rühren, mit Salz und Pfeffer abschmecken.

▶ Die Brotscheiben nach Belieben toasten und mit dem Ricotta bestreichen. Die Feigen waschen, in Spalten schneiden und auf den Broten verteilen. Die Brote mit je ½ TL Öl beträufeln und mit den gerösteten Kürbiskernen bestreuen.

▶ Den Rucola verlesen, waschen und trocken schütteln, eventuell grobe Stiele entfernen. Die Tomaten waschen und halbieren. Tomaten und Rucola auf zwei Schalen verteilen. Essig mit Senf, Salz und Pfeffer verrühren, zuletzt 1 EL Öl unterschlagen. Das Dressing über den Salat träufeln. Die Italo-Schnitten mit dem Salat servieren.

Tipp: Sie sind kein Fan von Feigen? Dann können Sie auch andere violette Früchte wie Blaubeeren, Brombeeren oder dunkle Weintrauben verwenden.

Mexikanische Salattacos mit Tofu

▶ Tofu zwischen zwei Lagen Küchenpapier auspressen, damit er möglichst viel Flüssigkeit verliert. In ca. 1½ cm große Würfel schneiden. Knoblauch schälen und fein würfeln. Mit Chilisauce, Öl und etwas Salz verrühren. Tofuwürfel mit der Marinade mischen und ziehen lassen, bis die übrigen Zutaten vorbereitet sind.

▶ Für die Salsa die Tomaten waschen, vierteln und entkernen, das Fruchtfleisch klein würfeln. Die Zwiebel schälen und fein würfeln. Beides mit dem Limettensaft mischen. Mit Salz, Pfeffer und Ahornsirup abschmecken. Die Avocado halbieren, den Kern entfernen, das Fruchtfleisch aus der Schale lösen und würfeln. Salat waschen, in Blätter teilen und diese trocken schütteln.

▶ Kidneybohnen abgießen, kalt abspülen und abtropfen lassen. Paprika putzen, waschen und würfeln. Tofu in eine heiße Pfanne geben und unter Wenden ca. 5 Minuten kräftig anbraten. Paprika und Bohnen dazugeben, weitere 2–3 Minuten braten. Salzen und pfeffern.

▶ Die Salatblätter mit dem Tofumix, der Salsa und den Avocadowürfeln füllen. Nach Belieben mit Koriander, Chiliringen und Limettenspalten garnieren.

Für 2 Portionen
Zubereitung: ca. 30 Minuten

250 g fester Tofu
1 Knoblauchzehe
1 EL Chilisauce (z. B. Sriracha)
1 EL Rapsöl | Salz
2 große Tomaten
1 kleine rote Zwiebel
2 TL Limettensaft | Pfeffer
1 Tropfen Ahornsirup
1 reife Avocado
2 Mini-Römersalatherzen
1 Dose Kidneybohnen
(240 g Abtropfgewicht)
1 gelbe Paprikaschote

Pro Portion ca. 505 kcal,
31 g EW, 28 g F, 27 g KH

Erbsensuppe mit Graupen und pochiertem Ei

Für 2 Portionen
Zubereitung: ca. 25 Minuten

50 g Perlgraupen
Salz
1 Zwiebel
1 Knoblauchzehe
1 EL Rapsöl
300 g TK-Erbsen
500 ml Gemüsebrühe
100 g Babyspinat
3 Stiele Minze
120 g Kochsahne (15 % Fett)
Saft von ½ Zitrone
Pfeffer
2 EL Weißweinessig
2 Bio-Eier (Größe M)

Pro Portion ca. 510 kcal,
25 g EW, 26 g F, 43 g KH

► Die Perlgraupen kalt abspülen und in kochendem Salzwasser nach Packungsanweisung garen.

► Inzwischen Zwiebel und Knoblauch schälen und fein würfeln. Das Öl in einem Topf erhitzen, die Zwiebel darin andünsten, dann Knoblauch und gefrorene Erbsen dazugeben. Die Brühe angießen, alles aufkochen und dann ca. 10 Minuten sanft köcheln lassen.

► Spinat waschen und grob hacken. Minze waschen und trocken schütteln, die Blätter abzupfen und grob schneiden. Beides zur Suppe geben, Kochsahne und Zitronensaft hinzufügen und alles fein pürieren. Mit Salz und Pfeffer abschmecken und warm halten.

► In einem weiten Topf reichlich Wasser mit Essig zum Kochen bringen. Die Hitze zurückschalten. Die Eier einzeln in eine Schöpfkelle aufschlagen und vorsichtig ins siedende Wasser gleiten lassen, dabei das Eiweiß etwas über das Eigelb ziehen. Die Eier ca. 4 Minuten pochieren. Anschließend mit einem Schaumlöffel aus dem Topf heben und abtropfen lassen.

► Die Graupen in ein Sieb abgießen und abtropfen lassen. Die Suppe in zwei Schalen anrichten, die Graupen dazugeben und mit je einem pochierten Ei toppen. Nach Belieben mit Minze garnieren.

2 TAG 2

Brot mit Kürbis-Linsen-Aufstrich

Für 2 Portionen
Zubereitung: ca. 20 Minuten

250 g Hokkaidokürbis
1 EL Rapsöl
100 g rote Linsen
2 Stangen Staudensellerie
2 Möhren
¼ Salatgurke
2 Scheiben Vollkornsauerteigbrot (à ca. 50 g)
½ Beet Kresse
35 g gemahlene Mandeln (mit Haut)
1 EL ungesüßtes helles Mandelmus
Salz | Pfeffer
3 TL Zitronensaft
2 TL geschälte Hanfsamen

Pro Portion ca. 525 kcal,
25 g EW, 21 g F, 57 g KH

▶ Den Kürbis waschen, die Kerne entfernen und das Fruchtfleisch im Blitzhacker oder auf einer Haushaltsreibe grob raspeln. Das Öl in einer Pfanne erhitzen und die Kürbisraspel darin unter Wenden ca. 5 Minuten andünsten. Die Linsen und 400 ml Wasser dazugeben, alles aufkochen und danach ca. 10 Minuten sanft köcheln lassen.

▶ Inzwischen für das Knabbergemüse den Sellerie putzen, waschen und jeweils einmal quer und längs halbieren. Möhren putzen, schälen und in lange Stifte schneiden. Gurke putzen, waschen und in Scheiben schneiden. Die Brotscheiben nach Belieben toasten. Die Kresse vom Beet schneiden und waschen.

▶ Die Kürbis-Linsen-Masse in einen hohen Rührbecher oder Mixer umfüllen. Mandeln, Mandelmus, Salz, Pfeffer und Zitronensaft dazugeben und alles cremig pürieren. Mit Salz und Pfeffer abschmecken. Die Brote mit der Hälfte des Aufstrichs bestreichen, mit Hanfsamen und Kresse bestreuen. Den übrigen Aufstrich mit dem Knabbergemüse dazu servieren.

TAG 2 **2**

Kohlrabischnitzel mit Kräuterdip

Für 2 Portionen
Zubereitung: ca. 40 Minuten

3 Kohlrabi (ca. 900 g) | Salz
50 g Vollkornsemmelbrösel
25 g geriebener Parmesan (oder Montello)
25 g gemahlene Mandeln (mit Haut)
Pfeffer
3 TL mittelscharfer Senf
2 EL Rapsöl
½ Bund Petersilie
½ Bio-Zitrone
250 g körniger Frischkäse

Pro Portion ca. 565 kcal, 35 g EW, 28 g F, 41 g KH

▶ Für die Kohlrabischnitzel den Kohlrabi schälen und in ca. ½ cm breite Scheiben schneiden. In wenig Salzwasser zugedeckt ca. 3 Minuten vorkochen. Herausnehmen und gut abtropfen lassen.

▶ Semmelbrösel, Parmesan, Mandeln, Salz und Pfeffer in einem tiefen Teller mischen. Kohlrabischeiben von beiden Seiten dünn mit Senf bestreichen, dann in der Bröselmischung wenden und leicht andrücken.

▶ Das Öl nach und nach in einer beschichteten Pfanne erhitzen, die Kohlrabischnitzel darin portionsweise auf jeder Seite 3–4 Minuten goldbraun braten. Herausnehmen und auf Küchenpapier abtropfen lassen.

▶ Inzwischen für den Dip die Petersilie waschen und trocken schütteln, die Blätter abzupfen und grob hacken. Die Zitrone heiß waschen, trocken reiben, die Schale fein abreiben und den Saft auspressen. Frischkäse mit Petersilie, Zitronenschale und 1–2 TL Zitronensaft mit dem Stabmixer oder im Blitzhacker cremig pürieren. Mit Salz und Pfeffer abschmecken. Die Kohlrabischnitzel mit dem Dip servieren.

Fisch mit Tomatensauce und Brokkolipüree

Für 2 Portionen
Zubereitung: ca. 20 Minuten

1 kleine Zwiebel | 1 Knoblauchzehe
1 EL Olivenöl
1 Dose stückige Tomaten (400 g)
1 TL getr. Oregano
1 TL Gemüsebrühepaste
Salz | Pfeffer
20 g Kapern
25 g entsteinte schwarze Oliven
1 Brokkoli (ca. 400 g geputzt)
1 Dose Kichererbsen
(260 g Abtropfgewicht)
300 g weißes Fischfilet
(z. B. Kabeljau oder Seelachs)
100 g Doppelrahmfrischkäse
1–2 TL Zitronensaft
geriebene Muskatnuss
2 EL gehackte Petersilie

Pro Portion ca. 650 kcal,
51 g EW, 31 g F, 40 g KH

▶ Zwiebel und Knoblauch schälen, fein würfeln und in einem Topf im Öl andünsten. Tomaten, Oregano, Brühe und 200 ml Wasser dazugeben. Mit Salz und Pfeffer würzen und ca. 15 Minuten sanft köcheln lassen. Dann die Kapern und Oliven dazugeben.

▶ Brokkoli waschen, in Röschen teilen und in einem Dämpfeinsatz verteilen. Kichererbsen abgießen, abspülen und dazugeben. In einen passenden Topf eine Handbreit Wasser füllen und salzen, den Dämpfeinsatz einsetzen. Wasser aufkochen und das Gemüse 6–7 Minuten zugedeckt dämpfen. Umfüllen und warm halten. Vom Wasser ½ Tasse abnehmen und beiseitestellen.

▶ Den Fisch in zwei Stücke teilen, im Dämpfeinsatz verteilen, salzen und pfeffern. Wasser im Topf auffüllen und den Fisch zugedeckt ca. 10 Minuten dämpfen. Inzwischen Brokkoli und Kichererbsen mit Frischkäse, Zitronensaft, Salz und Muskatnuss pürieren, eventuell noch etwas Garwasser untermixen. Den Fisch mit der Tomatensauce auf Tellern anrichten und mit Petersilie bestreuen. Das Brokkolipüree dazu servieren.

To do: Für die Bratkartoffeln morgen (siehe Seite 82) 500 g vorwiegend festkochende Kartoffeln waschen und knapp mit Wasser bedeckt ca. 20 Minuten garen. Abgießen, abkühlen lassen und abgedeckt über Nacht kalt stellen.

Käsetoast mit Paprikaaufstrich

Für 2 Portionen
Zubereitung: ca. 25 Minuten

100 g Mandelkerne (ohne Haut)
1 gelbe Paprikaschote
100 g Kirschtomaten
2 Stangen Staudensellerie
½ Bund Schnittlauch
1 kleines Glas geröstete Paprika (145 g Abtropfgewicht; in Öl)
¼ TL gemahlener Kreuzkümmel
¼ TL edelsüßes Paprikapulver
Salz | Pfeffer
2 Scheiben Vollkornsauerteigbrot (à ca. 50 g)
2 Scheiben Bergkäse (à ca. 15 g)

Pro Portion ca. 510 kcal,
22 g EW, 32 g F, 32 g KH

▶ Die Mandelkerne mit 100 ml Wasser in einem Topf aufkochen, dann 8–10 Minuten sanft köcheln lassen. In ein Sieb abgießen und abtropfen lassen.

▶ Währenddessen die Paprika putzen, waschen und in dünne Streifen schneiden. Die Tomaten waschen. Den Sellerie putzen, waschen und jeweils einmal quer und längs halbieren. Schnittlauch waschen, trocken schütteln und in Röllchen schneiden.

▶ Geröstete Paprika abgießen und auf Küchenpapier gut abtropfen lassen. Mit Mandeln, Kreuzkümmel und Paprikapulver in einen leistungsstarken Mixer geben und zu einer geschmeidigen Masse pürieren. Den Aufstrich mit Salz und Pfeffer abschmecken.

▶ Die Brotscheiben mit dem Paprikaaufstrich bestreichen, mit jeweils 1 Scheibe Käse belegen und mit Schnittlauchröllchen bestreuen. Mit dem Knabbergemüse servieren.

To do: Für das Frühstück morgen (siehe Seite 84) muss das Müsli über Nacht quellen – also schon heute alle nötigen Vorbereitungen treffen.

TAG 3 2

Grüne Shakshuka mit Feta

Für 2 Portionen
Zubereitung: ca. 25 Minuten

4 Frühlingszwiebeln
1 Knoblauchzehe
1 Fenchelknolle (ca. 300 g)
300 g Mangold
1 EL Rapsöl
1 TL getr. Oregano
½ TL gemahlener Kreuzkümmel
Salz | Pfeffer
2 Bio-Eier (Größe M)
½ Bund Dill
100 g griech. Joghurt (5 % Fett)
100 g Feta

Pro Portion ca. 380 kcal,
24 g EW, 27 g F, 8 g KH

▶ Frühlingszwiebeln putzen und waschen, den weißen Teil fein würfeln, den grünen in Ringe schneiden. Knoblauch schälen und fein würfeln. Fenchel putzen, waschen, längs halbieren und in dünne Streifen schneiden. Den Mangold waschen und verlesen, grobe Stiele entfernen. Die Mangoldblätter grob hacken.

▶ Das Öl in einer Pfanne erhitzen, weiße Frühlingszwiebel darin andünsten. Fenchel dazugeben und unter gelegentlichem Wenden ca. 3 Minuten braten. Mangold hinzufügen und unter Wenden zusammenfallen lassen. Den Knoblauch dazugeben und kurz mitbraten. Mit Oregano, Kreuzkümmel, Salz und Pfeffer würzen. Mit einem Löffel zwei Kuhlen in das Gemüse drücken. Eier einzeln in eine Tasse aufschlagen und in die Kuhlen gleiten lassen. Eiweiße salzen, die Eier mit geschlossenem Deckel 5–7 Minuten stocken lassen.

▶ Inzwischen den Dill waschen und trocken schütteln, die Spitzen abzupfen und fein schneiden. Unter den Joghurt mischen, mit Salz und Pfeffer abschmecken. Feta über die Shakshuka bröseln, die Frühlingszwiebelringe darübergeben. Nach Belieben mit Pul Biber (Chiliflocken) bestreuen. Mit dem Joghurt servieren.

Bratkartoffeln mit Radieschenquark

Für 2 Portionen
Zubereitung: ca. 25 Minuten

gegarte Pellkartoffeln
(siehe Seite 78)
1 rote Zwiebel
1 kleine Zucchini (ca. 250 g)
1 kleine Aubergine (ca. 250 g)
1 gelbe Paprikaschote
4 Stiele Majoran
2 EL Rapsöl
Salz | Pfeffer
1 Bund Radieschen
(möglichst mit schönem Grün)
500 g Magerquark
1 EL Leinöl

Pro Portion ca. 590 kcal,
44 g EW, 17 g F, 62 g KH

Die vorgegarten Kartoffeln pellen und in Scheiben schneiden. Zwiebel schälen und fein würfeln. Gemüse putzen und waschen. Zucchini längs halbieren und in dünne Scheiben schneiden. Aubergine und Paprika 1–2 cm groß würfeln. Majoran waschen und trocken schütteln, die Blätter abzupfen und hacken.

Das Rapsöl in einer großen Pfanne erhitzen, die Kartoffelscheiben darin unter Wenden ca. 12 Minuten goldbraun und knusprig braten. Dabei ca. 5 Minuten vor Ende der Garzeit Zwiebel, Zucchini, Aubergine, Paprika und gehackten Majoran hinzufügen und mitbraten. Mit Salz und Pfeffer würzen.

Während die Kartoffeln braten, die Radieschen putzen, waschen und in kleine Würfel schneiden. Das Radieschengrün verlesen und hacken. Den Quark mit dem Leinöl glatt rühren. Radieschen und Radieschengrün unterheben, mit Salz und Pfeffer würzen. Die Bratkartoffeln mit dem Radieschenquark servieren.

Tipp: Das Leinöl macht den Quark schön cremig und enthält wertvolle ungesättigte Fettsäuren. Nussöl, etwa aus Hasel- oder Walnüssen, ist eine ebenso gesunde und schmackhafte Alternative. Wichtig: Die kalt gepressten Öle sollten nicht erhitzt werden, da sie sonst Aroma und gesunde Inhaltsstoffe verlieren.

Schoko-Overnight-Oats mit Himbeeren

Für 2 Portionen
Zubereitung: ca. 15 Minuten
+ ca. 12 Stunden Wartezeit

30 g gemahlene Haselnüsse
50 g kernige Haferflocken
2 TL ungesüßtes Kakaopulver
1 Medjool-Dattel
225 ml fettarme Milch (1,5 % Fett)
150 g Magerquark
½ TL natürlicher Vanilleextrakt
250 g TK-Himbeeren
10 g Zartbitterschokolade
(mind. 75 % Kakaoanteil)

Pro Portion ca. 400 kcal,
23 g EW, 18 g F, 35 g KH

▶ Am Vortag die Nüsse in einer Pfanne ohne Fett kurz anrösten, bis sie duften. Herausnehmen und mit Haferflocken und Kakao in einer Schüssel mischen.

▶ Die Dattel entsteinen, grob würfeln und mit der Milch pürieren. Quark und Vanilleextrakt untermischen. Die Milchmischung zur Haferflockenmischung geben und alles gut verrühren. Anschließend ca. 5 Minuten quellen lassen.

▶ Die Haferflockenmasse und gefrorene Himbeeren im Wechsel in zwei große Schraubgläser (à ca. 400 ml Inhalt) schichten. Die Gläser verschließen und über Nacht kalt stellen.

▶ Am nächsten Morgen die Schokolade mit einem Sparschäler in Spänen über das Müsli hobeln, nach Belieben mit frischen Himbeeren garnieren.

Tipp: Die Oats können Sie nach Geschmack und Saison auch mal mit anderen frischen oder tiefgekühlten Früchten zubereiten. Lecker sind z. B. Kirschen, Nektarinen oder Blaubeeren.

TAG 4 2

Steak mit Asia-Sauerkrautsalat

Für 2 Portionen
Zubereitung: ca. 25 Minuten

250 g frisches Sauerkraut (aus dem Reformhaus oder Bioladen)
2 Frühlingszwiebeln
1 große Möhre
4 Stiele Koriander
30 g Cashewkerne
50 g TK-Mango (aufgetaut)
1 EL Apfelessig
4 TL + 1 EL Olivenöl
Salz | Pfeffer
2 Rumpsteaks vom Weiderind (à ca. 150 g)

Pro Portion ca. 505 kcal, 38 g EW, 32 g F, 15 g KH

▶ Für den Salat das Sauerkraut auf einem feinen Sieb gut abtropfen lassen. Die Frühlingszwiebeln putzen, waschen und in Ringe schneiden. Die Möhre putzen, schälen und grob raspeln. Den Koriander waschen, trocken schütteln und die Blätter abzupfen. Einige Blätter zum Garnieren beiseitelegen, den Rest hacken. Die Cashewkerne in einer Pfanne ohne Fett rösten.

▶ Für das Dressig die Mango mit Essig, 4 TL ÖL, Salz, Pfeffer und nach Belieben 1 TL Chilisauce im Blitzhacker oder mit dem Stabmixer cremig pürieren. Sauerkraut, Frühlingszwiebeln, Möhre und Koriander in einer Schüssel mit dem Dressing mischen. Den Salat mit Salz und Pfeffer abschmecken.

▶ Die Steaks mit Küchenpapier trocken tupfen. In einer Pfanne 1 EL Öl erhitzen und die Steaks darin unter Wenden 6–8 Minuten (medium) braten. Mit Salz und Pfeffer würzen, mit dem Salat anrichten. Mit den Cashewkernen und dem übrigen Koriander bestreuen.

Buchweizensotto mit Gemüse

Für 2 Portionen
Zubereitung: ca. 30 Minuten

120 g Buchweizen
1 kleine Zwiebel
1 Knoblauchzehe
2 EL Olivenöl
250 ml Gemüsebrühe
3 EL Pinienkerne
1 kleine Aubergine (ca. 250 g)
1 kleine Zucchini (ca. 250 g)
100 g Kirschtomaten
1 TL getr. Oregano
Salz | Pfeffer
120 g Ziegenfrischkäse
einige Blätter Basilikum

Pro Portion ca. 565 kcal,
21 g EW, 28 g F, 56 g KH

▶ Buchweizen in einem Sieb unter heißem Wasser gründlich abspülen und abtropfen lassen. Zwiebel und Knoblauch schälen und fein würfeln. 1 El Öl in einem Topf erhitzen, die Zwiebel darin andünsten. Buchweizen und Knoblauch dazugeben und ca. 2 Minuten mitdünsten. Brühe angießen, alles aufkochen und dann ca. 20 Minuten sanft köcheln lassen, dabei öfter rühren.

▶ Inzwischen die Pinienkerne in einer Pfanne ohne Fett rösten und beiseitestellen. Das Gemüse putzen und waschen. Zucchini längs halbieren und in dünne Scheiben schneiden. Aubergine 1–2 cm groß würfeln. Tomaten waschen und halbieren. 1 EL Öl in einer großen Pfanne erhitzen, Zucchini und Aubergine darin unter Wenden ca. 5 Minuten kräftig anbraten. Tomaten und Oregano dazugeben und 5 Minuten mitbraten, bis die Tomaten beginnen aufzuplatzen. Salzen und pfeffern.

▶ Den Buchweizensotto vom Herd nehmen. Den Ziegenfrischkäse unterrühren, mit Salz und Pfeffer würzen. Den Buchweizensotto auf tiefe Teller geben und das Gemüse darauf verteilen. Mit den Pinienkernen und Basilikumblättern bestreut servieren.

To do: Für das Gemüsecurry morgen (siehe Seite 90) 100 g Vollkornbasmatireis nach Packungsanweisung in Salzwasser garen. Abkühlen lassen und dann abgedeckt über Nacht kalt stellen.

Nordisches Kräuter-rührei mit Lachs

Für 2 Portionen
Zubereitung: ca. 25 Minuten

je 5 Stiele Dill und Petersilie
2 Bio-Eier (Größe M)
1 EL Milch
Salz | Pfeffer
1 EL Rapsöl
150 g Räucherlachs in Scheiben
½ Salatgurke
1 Möhre
2 Scheiben Pumpernickel (à ca. 55 g)

Pro Portion ca. 380 kcal,
28 g EW, 18 g F, 27 g KH

▶ Dill und Petersilie waschen und trocken schütteln, Spitzen bzw. Blätter von den Stielen zupfen und fein hacken. Die Eier mit der Milch verquirlen, mit Salz und Pfeffer würzen und die Kräuter unterheben. Das Öl in einer beschichteten Pfanne erhitzen. Die Eiermasse hineingeben und kurz stocken lassen. Dann unter gelegentlichem sanftem Rühren ca. 4 Minuten weiterstocken lassen.

▶ Inzwischen den Räucherlachs in dünne Streifen schneiden. Gurke und Möhre putzen und waschen bzw. schälen. Die Gurke in Scheiben, die Möhre in Stifte schneiden.

▶ Das Rührei auf Tellern anrichten und die Lachsstreifen darauf verteilen. Gurkentaler, Möhrensticks und Pumpernickel dazu reichen.

To do: Für das Frühstück morgen (siehe Seite 92) muss das Birchermüsli über Nacht quellen – treffen Sie also schon heute alle nötigen Vorbereitungen.

TAG 5 **2**

Rainbow-Salat mit Quinoa

Für 2 Portionen
Zubereitung: ca. 30 Minuten

100 g Quinoa | Salz
1 Dose Kidneybohnen (240 g Abtropfgewicht)
1 Möhre
250 g Rotkohl (ca. ¼ Kopf)
½ Salatgurke | 150 g Radicchio
1 Bio-Orange
1 EL Weißweinessig
Pfeffer
½ TL Pul Biber (Chiliflocken)
5 TL Olivenöl
1 Bund Kräuter (z. B. Petersilie, Kerbel, Koriander, Dill, Basilikum)
25 g Mandelstifte
100 g Feta

Pro Portion ca. 665 kcal, 30 g EW, 32 g F, 60 g KH

- Quinoa in einem feinen Sieb unter kaltem Wasser gründlich abspülen. Dann nach Packungsanweisung in Salzwasser garen.

- Inzwischen Kidneybohnen abgießen, kalt abspülen und abtropfen lassen. Möhre putzen, schälen und grob raspeln. Den Rotkohl putzen, waschen und in dünnen Streifen vom Strunk schneiden. Gurke putzen, waschen und klein würfeln. Radicchio putzen, waschen, trocken schleudern und in dünne Streifen schneiden.

- Für das Dressing die Orange heiß waschen, trocken reiben und ca. 1 TL Schale fein abreiben. Orange halbieren und auspressen. Den Saft in einem kleinen Topf auf ca. 2 EL einkochen. Essig und Orangenschale unterrühren, mit Salz, Pfeffer und Pul Biber würzen. Zuletzt das Öl unterschlagen.

- Kräuter waschen, trocken schütteln, Blätter abzupfen und hacken. Die Mandeln in einer Pfanne ohne Fett rösten. Beides unter die Quinoa heben. Auf Schalen verteilen, vorbereites Gemüse und Kidneybohnen dekorativ darauf verteilen. Feta würfeln und aufstreuen. Mit etwas Dressing beträufeln, den Rest dazu servieren.

Buntes Gemüsecurry mit Huhn

Für 2 Portionen
Zubereitung: ca. 30 Minuten

1 Zwiebel
1 Knoblauchzehe
1 walnussgroßes Stück Ingwer
500 g Gemüse (z. B. Zucchini, Hokkaidokürbis, rote und gelbe Paprikaschote, Möhren, Pak Choi)
200 g Bio-Hähnchenfilet
2 EL ungesalzene Erdnusskerne
2 EL Rapsöl
Salz
1 EL Massaman-Thai-Currypaste
200 ml Gemüsebrühe
200 g Kokosmilch
Pfeffer
2–3 TL Limettensaft
▶ gegarter Vollkornbasmatireis (siehe Seite 86)
2 EL gehackter Koriander

Pro Portion ca. 635 kcal,
36 g EW, 31 g F, 51 g KH

▶ Zwiebel, Knoblauch und Ingwer schälen und fein würfeln. Das Gemüse putzen, je nach Sorte waschen oder schälen und in mundgerechte Stücke schneiden. Das Hähnchenfilet quer in dünne Streifen schneiden. Die Erdnüsse hacken und in einer kleinen Pfanne ohne Fett rösten.

▶ Das Öl in einem weiten Topf erhitzen und die Hähnchenstreifen darin unter Wenden ca. 5 Minuten kräftig anbraten. Mit Salz würzen und herausnehmen. Zwiebel, Knoblauch und Ingwer im Bratfett kurz andünsten. Die Currypaste unterrühren und kurz anschwitzen. Das vorbereitete Gemüse dazugeben und unter Wenden ca. 5 Minuten anbraten.

▶ Anschließend die Brühe und die Kokosmilch angießen und aufkochen. Dann alles zugedeckt ca. 10 Minuten sanft köcheln lassen. Das Hähnchenfleisch dazugeben und kurz erwärmen. Das Curry mit Salz, Pfeffer und Limettensaft abschmecken.

▶ Den vorgegarten Reis im Topf oder in der Mikrowelle aufwärmen und das Curry damit anrichten. Mit den gerösteten Erdnüssen und gehacktem Koriander bestreut servieren.

Goldenes Birchermüsli

Für 2 Portionen
Zubereitung: ca. 10 Minuten
+ ca. 12 Stunden Wartezeit

40 g Haferflocken
20 g geschälte Hanfsamen
20 g geschrotete Leinsamen
200 ml Milch
100 g + 2 EL Joghurt
1 Medjool-Dattel
½ TL Zimtpulver
½ TL Kurkumapulver
1 großer Apfel (z. B. Cox Orange)
100 g Brombeeren
(frisch oder TK und aufgetaut)
30 g Haselnüsse

Pro Portion ca. 465 kcal,
17 g EW, 26 g F, 39 g KH

▶ Am Vortag Haferflocken, Hanf- und Leinsamen in einer Schüssel mischen. Die Milch und 100 g Joghurt dazugeben. Die Dattel entsteinen und fein würfeln. Mit Zimt und Kurkuma zum Haferflocken-Samen-Mix geben und alles gut mischen. Die Masse abgedeckt über Nacht im Kühlschrank quellen lassen.

▶ Am nächsten Morgen den Apfel waschen, trocken reiben und rund um das Kerngehäuse herum grob raspeln. Beeren verlesen, waschen und trocken tupfen. Die Nüsse hacken und in einer Pfanne ohne Fett rösten, bis sie duften. Apfel und Nüsse – bis auf ein paar zum Ganieren – unter die Müslimischung heben.

▶ Das Birchermüsli auf Schalen verteilen. Mit jeweils 1 EL Joghurt, Beeren und restlichen Nüssen und nach Belieben Minzeblättern garnieren.

Tipp: Statt mit Kuhmilch und Joghurt können Sie das Müsli natürlich auch mit jedem Pflanzendrink und jeder veganen Joghurtalternative ansetzen. Wichtig ist nur, dass Sie zu einer ungesüßten Variante greifen.

TAG 6 2

Weißkohleintopf mit Lachs

Für 2 Portionen
Zubereitung: ca. 30 Minuten

1 rote Zwiebel
300 g Weißkohl
1 rote Paprikaschote
2 EL Olivenöl
1 EL Dinkelvollkornmehl
500 ml Gemüsebrühe
2 EL Ajvar (Paprikapaste)
Salz | Pfeffer
250 g Lachsfilet
1 Dose weiße Bohnen (240 g Abtropfgewicht)
½ Bund Dill
100 g saure Sahne (20 % Fett)

Pro Portion ca. 590 kcal, 37 g EW, 34 g F, 35 g KH

▶ Die Zwiebel schälen und fein würfeln. Kohl putzen, waschen und in feinen Streifen vom Strunk schneiden oder hobeln. Paprika putzen, waschen und in kleine Würfel schneiden.

▶ Das Öl in einem Topf erhitzen, Zwiebel und Gemüse darin unter Wenden ca. 5 Minuten andünsten. Mit Mehl bestäuben und kurz anschwitzen. Die Brühe dazugeben und unterrühren. Ajvar, Salz und Pfeffer hinzufügen und alles aufkochen. Dann zugedeckt ca. 15 Minuten sanft köcheln lassen.

▶ Inzwischen Lachs in 2–3 cm große Würfel schneiden. Bohnen in ein Sieb abgießen, kalt abspülen und abtropfen lassen. Beides zum Eintopf geben, vorsichtig unterrühren und alles weitere ca. 5 Minuten köcheln lassen.

▶ Inzwischen den Dill waschen und trocken schütteln, die Spitzen abzupfen und hacken. Unter die saure Sahne rühren und salzen. Den Eintopf mit Salz und Pfeffer abschmecken, auf tiefe Teller verteilen und mit der Dillsahne servieren.

Polentaschnitten mit Pilzragout

Für 2 Portionen
Zubereitung: ca. 50 Minuten

275 ml Milch
Salz
100 g Maisgrieß (Polenta)
30 g geriebener Parmesan (oder Montello)
1 Zwiebel
1 Knoblauchzehe
600 g Pilze (z. B. braune Champignons, Austernpilze oder Pfifferlinge)
2 EL Olivenöl + Öl für die Form
150 ml Gemüsebrühe
100 g Kochsahne (15 % Fett)
Pfeffer
2 EL gehackte Petersilie
2 EL geröstete Kürbiskerne

Pro Portion ca. 615 kcal,
27 g EW, 35 g F, 49 g KH

▶ Für die Polenta die Milch mit ½ TL Salz in einem Topf aufkochen. Den Maisgrieß unter Rühren einstreuen. Alles erneut aufkochen und unter Rühren ca. 5 Minuten sanft köcheln lassen. Vom Herd nehmen und ca. 5 Minuten quellen lassen, dabei ab und zu umrühren. Den Parmesan dazugeben und unterrühren.

▶ Eine Auflaufform (ca. 25 x 15 cm; 1,2 l Inhalt) einfetten, die Polentamasse in die Form geben und glatt streichen. Die Polenta ca. 30 Minuten abkühlen lassen.

▶ Inzwischen für das Ragout Zwiebel und Knoblauch schälen und fein würfeln. Pilze trocken abreiben und klein schneiden. In einer weiten Pfanne 1 EL Öl erhitzen, die Pilze darin unter Wenden ca. 5 Minuten kräftig anbraten. Am Ende Zwiebel und Knoblauch dazugeben und kurz mitbraten. Brühe und Kochsahne angießen, salzen und pfeffern. Alles aufkochen und ca. 5 Minuten köcheln lassen, bis das Ragout leicht andickt. Eventuell nochmals mit Salz und Pfeffer abschmecken.

▶ Während das Ragout köchelt, die Polenta auf ein Brett stürzen und in rautenförmige Stücke schneiden. Das übrige Öl in einer beschichteten Pfanne erhitzen, die Polentaschnitten darin auf jeder Seite 3–4 Minuten goldbraun braten. Die Polentaschnitten mit dem Pilzragout anrichten. Mit gehackter Petersilie und gerösteten Kürbiskernen bestreuen.

2 TAG 7

Carrot-Cake-Porridge mit Orange

Für 2 Portionen
Zubereitung: ca. 15 Minuten

150 g Möhren
60 g zarte Haferflocken
20 g geschrotete Leinsamen
20 g geschälte Hanfsamen
400 ml Milch
(oder ungesüßter Pflanzendrink)
½ TL natürlicher Vanilleextrakt
2 TL Mandelstifte
100 g griech. Joghurt (5 % Fett)
2 TL Saft und 1 TL abgeriebene Schale
von ½ Bio-Zitrone
1 große Orange
Zimtpulver zum Bestäuben

Pro Portion ca. 495 kcal,
24 g EW, 24 g F, 46 g KH

▶ Die Möhren putzen, schälen und auf der Gemüsereibe grob raspeln. Haferflocken mit Lein- und Hanfsamen sowie der Milch in einen Topf geben und aufkochen. Danach unter Rühren 3–4 Minuten sanft köcheln lassen, bis der Porridge andickt. Die Möhren unterheben. Den Topf vom Herd ziehen und die Vanille unterrühren. Die Mandeln in einer kleinen Pfanne ohne Fett anrösten und herausnehmen.

▶ Den Joghurt mit Zitronensaft und -schale glatt rühren. Die Orange so schälen, dass auch die weiße Haut mit entfernt wird, die Filets zwischen den Trennhäuten herausschneiden, dabei den austretenden Saft auffangen. Den Saft unter den Joghurt rühren.

▶ Den Porridge in Schalen anrichten, den Joghurt daraufgeben und die Orangenfilets darauf verteilen. Mit Mandeln bestreuen und mit Zimt bestäuben.

To do: Um später Zeit zu sparen, empfiehlt es sich, für die Spinat-Quark-Knödel (siehe Seite 98) bereits im Laufe des Tages 500 g Magerquark in ein feines Sieb zu geben und über einer Schüssel ca. 2 Stunden abtropfen zu lassen.

TAG 7 **2**

Gemüsetortilla mit Paprikadip

Für 2 Portionen
Zubereitung: ca. 30 Minuten

1 rote Zwiebel
150 g Knollensellerie
2 Möhren
½ Bund glatte Petersilie
2 EL Olivenöl
Salz | Pfeffer
3 Bio-Eier (Größe M)
1 Glas gegrillte rote Paprika (185 g Abtropfgewicht)
1 EL Tahin (Sesampaste)
1–2 TL Zitronensaft
2 EL griech. Joghurt (5 % Fett)
2 Scheiben Vollkornsauerteigbrot (à ca. 50 g)

Pro Portion ca. 455 kcal, 20 g EW, 24 g F, 36 g KH

▶ Die Zwiebel schälen und fein würfeln. Sellerie und Möhren schälen und grob raspeln. Petersilie waschen, trocken schütteln, Blätter abzupfen und hacken.

▶ Zwiebel in 1 EL Öl in einer beschichteten ofenfesten Pfanne (ca. 20 cm ø) andünsten. Gemüseraspel dazugeben. 2–3 Minuten unter Wenden braten. Mit 2–3 EL Wasser zugedeckt 3–4 Minuten dünsten. Salzen, pfeffern und in eine Schüssel füllen. Petersilie untermischen.

▶ Den Backofengrill auf 220 °C vorheizen. Eier verquirlen, salzen, pfeffern und unter das Gemüse rühren. 1 EL Öl in der Pfanne erhitzen, Ei-Gemüse-Mix darin 4–5 Minuten bei nicht zu starker Hitze stocken lassen. Im Ofen auf der 2. Schiene von oben 4–5 Minuten garen, bis die Oberfläche gestockt ist.

▶ Für den Dip Paprika gut abtropfen lassen. Mit Tahin und Zitronensaft fein pürieren, Joghurt unterrühren. Mit Salz und Pfeffer abschmecken.

▶ Tortilla vom Pfannenrand lösen, auf einen großen Teller stürzen und auf eine Platte gleiten lassen. Vierteln und warm oder kalt mit Dip und Brot servieren.

Spinat-Quark-Knödel in Tomatensauce

Für 2 Portionen
Zubereitung: ca. 50 Min.

1 kleine Zwiebel
100 g Babyspinat
2 EL Olivenöl
▶ abgetropfter Magerquark (siehe Seite 96)
2 EL Speisestärke
50 g Vollkornsemmelbrösel
ca. 50 g Linsenmehl
Salz | Pfeffer
geriebene Muskatnuss
1 Dose stückige Tomaten (400 g)
5 Stiele Basilikum

Pro Portion ca. 545 kcal,
46 g EW, 12 g F, 59 g KH

▶ Die Zwiebel schälen und fein würfeln. Den Spinat waschen, abtropfen lassen und grob hacken. In einer Pfanne die Hälfte der Zwiebelwürfel in 1 EL Öl andünsten. Spinat dazugeben und unter Wenden 1–2 Minuten zusammenfallen lassen. Abkühlen lassen, dann mit den Händen möglichst viel Flüssigkeit herausdrücken. Spinat mit abgetropftem Quark, Stärke, Semmelbröseln und Linsenmehl verrühren. Mit Salz, Pfeffer und Muskatnuss kräftig würzen und ca. 30 Minuten ruhen lassen.

▶ Inzwischen für die Tomatensauce das restliche Öl erhitzen, die übrigen Zwiebelwürfel darin andünsten. Die Tomaten und 200 ml Wasser dazugeben, salzen, pfeffern und zugedeckt ca. 15 Minuten sanft köcheln lassen. Basilikum waschen, trocken schütteln, die Blätter abzupfen. Einige Blätter zum Garnieren beiseitelegen, den Rest fein schneiden und unter die Tomatensauce rühren.

▶ Reichlich Salzwasser zum Kochen bringen und die Temperatur reduzieren. Aus der Quarkmasse mit zwei Teelöffeln kleine Knödel abstechen und diese ins siedende Wasser gleiten lassen. Sobald sie an die Oberfläche steigen, weitere 5 Minuten ziehen lassen. Die Knödel mit einem Schaumlöffel aus dem Topf heben, abtropfen lassen und mit der Tomatensauce anrichten. Mit Basilikum garniert servieren.

NOCH MEHR

GEMÜSE-IDEEN

Sie vermissen noch ein paar Rezepte? Etwa weil Sie gerne mal ein belegtes Brot essen? Vielleicht sogar ein selbst gebackenes – mit einem fix pürierten Gemüseaufstrich? Womöglich haben Sie öfter Lust auf einen großen Salat als Hauptgericht, mit frischem Gemüse, das gerade Saison hat? Und wie wäre es ab und zu mit einem schnell gemachten raffinierten Obstdessert? Egal, was Sie sich wünschen: Auf den nächsten Seiten finden Sie weitere gesunde Rezeptideen, die Ihnen noch mehr Lust auf möglichst viel Pflanzliches auf dem Teller machen.

Kürbis-Vollkornbrot

Es geht nichts über selbst gebackenes Brot – erst recht, wenn es so voller gesunder Zutaten steckt wie dieses. Die Mengen an Kleie, Kernen und Co. sind zwar zu gering, um pro Scheibe Pflanzenpunkte zu sammeln – trotzdem freut sich vor allem Ihr Darm über dieses „Futter".

Für 1 Brot (ca. 12 Scheiben)
Zubereitung: ca. 55 Minuten
+ ca. 1 ½ Stunden Wartezeit

½ Hokkaidokürbis (ca. 500 g)
Salz
½ Packung flüssiger Sauerteig (35 g)
10 g frische Hefe
1 EL Ahornsirup
300 g Dinkelvollkornmehl
100 g Roggenvollkornmehl
50 g Haferkleie
50 g geschrotete Leinsamen
Mehl zum Bestäuben
je 25 g Kürbiskerne und Sonnenblumenkerne zum Bestreuen

Pro Scheibe ca. 170 kcal,
6 g EW, 4 g F, 26 g KH

▶ Kürbis waschen, die Kerne entfernen. 100 g Fruchtfleisch grob raspeln, den Rest ca. 3 cm groß würfeln und in wenig Salzwasser zugedeckt ca. 15 Minuten dünsten. Abgießen, gut abtropfen lassen und pürieren.

▶ Sauerteig, zerbröckelte Hefe und Ahornsirup mit 150 ml lauwarmem Wasser gründlich verrühren, bis sich die Hefe aufgelöst hat. Beide Mehlsorten, Haferkleie, Leinsamen, 10 g Salz, Kürbispüree und -raspel in eine Rührschüssel geben. Hefewasser dazugeben und alles zu einem klebrigen Teig kneten. Mit Mehl bestäuben und abgedeckt an einem warmen Ort ca. 1 ½ Stunden gehen lassen. Dabei nach der Hälfte der Gehzeit den Teig mit einer Teigkarte rundfalten.

▶ Kurz vor Ende der Gehzeit Backofen auf 250 °C (230 °C Umluft) vorheizen. Dabei einen runden gusseisernen Topf mit Deckel in den Ofen stellen (2. Schiene von unten) und mit vorheizen. Den Teig in den Topf geben (Vorsicht, heiß!) und die Oberfläche mit einem Messer mehrmals einritzen. Kürbis- und Sonnenblumenkerne aufstreuen. Den Deckel auflegen und das Brot im Ofen ca. 25 Minuten backen. Deckel abnehmen und das Brot weitere 5 Minuten backen. Auskühlen lassen und in Scheiben schneiden. Nach Belieben die Brotscheiben einfrieren; sie sind dann 3 Monate haltbar. Bei Bedarf auftauen lassen oder toasten.

Brotaufstriche

Anders als in Käse oder Wurst stecken in diesen Aufstrichen viele gesundheitsfördernde Inhaltsstoffe wie gesunde Fette und Ballaststoffe. Sie erhöhen mit ihnen noch mal den Gemüseanteil in Ihrer Ernährung, auch wenn die Mengen pro Portion zu klein sind, um Punkte zu sammeln.

Artischockenaufstrich

Für 4 Portionen
Zubereitung: ca. 10 Minuten

Pro Portion ca. 35 kcal,
1 g EW, 2 g F, 2 g KH

1 Glas Artischockenherzen (120 g Abtropfgewicht; in Öl) abgießen und gut abtropfen lassen. Mit 1–2 EL Crème fraîche, 1 TL Saft und ½ TL abgeriebener Schale von ½ Bio-Zitrone und 1 TL Ahornsirup in einen hohen Rührbecher geben und mit dem Stabmixer fein pürieren. Den Aufstrich mit Salz und Pfeffer abschmecken. 2 EL gehackte Petersilie und 1 TL kleine Kapern dazugeben und unterheben. In ein sauberes Schraubglas füllen und im Kühlschrank aufbewahren. So bleibt der Aufstrich ca. 5 Tage frisch.

Süßkartoffelaufstrich

Für 4 Portionen
Zubereitung: ca. 35 Minuten

Pro Portion ca. 100 kcal,
1 g EW, 3 g F, 16 g KH

Den Backofen auf 220 °C (200 °C Umluft) vorheizen. 1 Süßkartoffel (ca. 250 g) waschen, schälen und in ca. 2 cm große Würfel schneiden. Mit 1 EL Olivenöl mischen und auf einem mit Backpapier belegten Blech ausbreiten. Im Ofen auf der mittleren Schiene ca. 25 Minuten backen. Herausnehmen und kurz abkühlen lassen. Die Süßkartoffelwürfel mit 50 ml Wasser, 2–3 EL Zitronensaft sowie ½ TL Harissa (nordafrik. Würzpaste) in einen hohen Rührbecher geben und mit dem Stabmixer fein pürieren. Mit Salz abschmecken. Den Aufstrich in ein sauberes Schraubglas füllen und im Kühlschrank aufbewahren. So bleibt er ca. 5 Tage frisch.

Rote-Bete-Mandel-Creme

Für 8 Portionen
Zubereitung: ca. 1 Stunde

Pro Portion ca. 35 kcal,
1 g EW, 3 g F, 2 g KH

Den Backofen auf 220 °C (200 °C Umluft) vorheizen. 2 Knollen Rote Bete (ca. 220 g) unter fließendem Wasser abbürsten, trocken tupfen und einzeln in Alufolie wickeln. Auf dem Rost im Ofen auf der mittleren Schiene 50–55 Minuten garen. Aus der Folie wickeln, kurz abkühlen lassen und die Schale abziehen. Rote Beten grob würfeln und mit 20 g ungesüßtem hellem Mandelmus, 3 EL Orangensaft und 1 EL Rapsöl mit dem Stabmixer fein pürieren. Mit 1 Msp. Piment, ½ TL abgeriebener Bio-Orangenschale und Salz würzen. In einem sauberen Glas hält sich der Aufstrich gekühlt ca. 5 Tage.

Erbsenstreich mit Minze

Für 4 Portionen
Zubereitung: ca. 10 Minuten

Pro Portion ca. 25 kcal,
2 g EW, 1 g F, 3 g KH

150 g TK-Erbsen in einer Schüssel mit kochendem Wasser übergießen und ca. 5 Minuten ziehen lassen. Inzwischen 1 Frühlingszwiebel putzen, waschen und fein schneiden. 2 Stiele Minze waschen, trocken schütteln, die Blätter abzupfen und fein schneiden. Die Erbsen abgießen und gut abtropfen lassen. Anschließend mit 30 g Ziegenfrischkäse und 1 TL Zitronensaft fein pürieren. Frühlingszwiebel und Minze unterheben, mit Salz und Pfeffer abschmecken. Den Aufstrich in ein sauberes Schraubglas füllen und im Kühlschrank aufbewahren. So bleibt er ca. 5 Tage frisch.

Frühlingssalat mit Spargel und Avocado

Für 2 Portionen
Zubereitung: ca. 20 Minuten

500 g weißer Spargel
Salz
1 Schalotte
½ Bund Schnittlauch
5 Stiele Petersilie
1 TL mittelscharfer Dijonsenf
2 EL Weißweinessig
Pfeffer
3 EL Olivenöl
80 g Pflücksalat
½ Bund Radieschen
1 reife Avocado
100 g Räucherlachs in Scheiben
2 EL Salatkernemix (z. B. Kürbis- und Sonnenblumenkerne)

Pro Portion ca. 430 kcal,
21 g EW, 33 g F, 11 g KH

▶ Den Spargel schälen, harte Enden abschneiden. Stangen längs halbieren und quer dritteln. In kochendem Salzwasser je nach Dicke 5–8 Minuten bissfest garen. Anschließend in ein Sieb abgießen, kalt abschrecken und abtropfen lassen.

▶ Für das Dressing die Schalotte schälen und fein würfeln. Kräuter waschen und trocken schütteln. Schnittlauch in Röllchen schneiden, die Petersilienblätter abzupfen und fein hacken. Senf, Essig, Salz und Pfeffer verrühren, zuletzt das Öl unterschlagen. Schalottenwürfel und Kräuter unter das Dressing mischen.

▶ Salat putzen, waschen und trocken schleudern. Radieschen putzen, waschen und in feine Scheiben schneiden. Avocado halbieren, den Kern entfernen, das Fruchtfleisch aus der Schale lösen und in Spalten schneiden. Den Lachs in feine Streifen schneiden. Alles mit dem Spargel und dem Dressing mischen. Vor dem Servieren mit dem Kernemix bestreuen.

Tipp: Der Salat schmeckt auch mit grünem Spargel, der den Vorteil hat, dass man ihn nicht schälen muss. Wenn Sie kein Fan der edlen Stangen sind oder gerade keine Spargelsaison ist, können Sie den Salat auch mit gebratenen Fenchel-, Kohlrabi- oder Kürbisspalten zubereiten. Sehr gut passt auch gedämpfter Brokkoli.

Sommerlicher Salat nach Nizza-Art

Für 2 Portionen
Zubereitung: ca. 25 Minuten

200 g grüne Bohnen
Salz
2 Tomaten
2 Frühlingszwiebeln
2 Römersalatherzen
25 g entsteinte schwarze Oliven
100 g eingelegte Artischockenherzen (aus der Dose)
1 Knoblauchzehe
1 EL Weißweinessig
¼ TL mittelscharfer Senf
½ TL flüssiger Honig
Pfeffer
2 EL + 2 TL Olivenöl
2 Bio-Eier (Größe M)

Pro Portion ca. 340 kcal,
14 g EW, 27 g F, 11 g KH

▶ Die Bohnen putzen, waschen, in Stücke schneiden und in Salzwasser ca. 12 Minuten garen. Anschließend abgießen, kalt abschrecken und gut abtropfen lassen.

▶ Inzwischen die Tomaten waschen und in Scheiben schneiden. Frühlingszwiebeln putzen und waschen. Die weißen Teile fein würfeln, die grünen in feine Ringe schneiden. Den Salat putzen, waschen und trocken schleudern, die Blätter in mundgerechte Stücke zupfen. Die Oliven und Artischocken gut abtropfen lassen, die Artischockenherzen kleiner schneiden.

▶ Knoblauch schälen und halbieren, mit den Knoblauchhälften eine Salatschüssel ausreiben. Für das Dressing den Essig mit Senf, Honig, Salz und Pfeffer verrühren, zuletzt 2 EL Öl unterschlagen.

▶ Die Eier aufschlagen, mit 2 TL Wasser verquirlen und salzen. In einer beschichteten Pfanne 1 TL Öl erhitzen, die Hälfte der verquirlten Eier hineingeben und durch Schwenken der Pfanne gleichmäßig darin verteilen. Ca. 1 Minute braten, dann wenden, kurz weiterbraten und herausnehmen. Dann aus der übrigen Eiermasse im restlichen Öl ein weiteres Omelett braten. Omeletts aufrollen und in dünne Scheiben schneiden.

▶ Alle vorbereiteten Zutaten in der Salatschüssel anrichten. Die Omelettstreifen daraufgeben, das Dressing darüberträufeln und den Salat sofort servieren.

Herbstsalat mit Räucherforelle

Für 2 Portionen
Zubereitung: ca. 20 Minuten

½ Lollo rosso oder roter Eichblattsalat
2 Stangen Staudensellerie
½ Bio-Zitrone
150 g rote Weintrauben
2 EL saure Sahne
4 EL Joghurt
1–2 TL geriebener Meerrettich (aus dem Glas)
Salz | Pfeffer
½ Bund Schnittlauch
2 geräucherte Forellenfilets (ohne Haut; à ca. 125 g)
2 EL geröstete Walnusskerne

Pro Portion ca. 350 kcal,
32 g EW, 14 g F, 22 g KH

▶ Salat putzen, waschen und trocken schleudern, die Blätter in mundgerechte Stücke zupfen. Staudensellerie putzen, waschen und schräg in feine Scheiben schneiden. Zitrone heiß waschen und trocken reiben, die Schale fein abreiben und den Saft auspressen. Die Trauben waschen, trocken tupfen, von den Rispen zupfen und längs halbieren.

▶ Für das Dressing die saure Sahne mit Joghurt, Meerrettich und ½ TL Zitronenschale glatt verrühren, 1–2 EL Zitronensaft unterrühren, mit Salz und Pfeffer würzen. Schnittlauch waschen, trocken schütteln und in feine Röllchen schneiden, zwei Drittel der Röllchen unter das Dressing rühren, den Rest zum Garnieren beiseitestellen.

▶ Salat, Sellerie und Trauben auf Tellern verteilen und mit dem Dressing beträufeln. Forellenfilets in Stücke zerteilen und auf den Salat geben. Zum Servieren mit den übrigen Schnittlauchröllchen und grob gehackten Walnusskernen bestreuen.

Tipp: Roter und braunroter Salat enthält im Gegensatz zu seinen grünen Verwandten Anthocyane, die zum Beispiel auch in Rotkohl, roten Trauben oder Blaubeeren stecken und antientzündlich wirken.

Grünkohlsalat mit Orangen und Nüssen

Für 2 Portionen
Zubereitung: ca. 20 Minuten
+ ca. 30 Minuten Wartezeit

250 g zarte junge Grünkohlblätter
1 Zitrone
Salz
1 rote Spitzpaprika
2 Orangen
3 TL Tahin (Sesampaste)
1 geh. TL helle Misopaste
etwas Chilisauce
3 TL Joghurt
Pfeffer
30 g geröstete Walnusskerne
100 g Feta

Pro Portion ca. 430 kcal,
20 g EW, 26 g F, 26 g KH

▶ Grünkohl putzen und waschen, die Blätter von den dicken Blattrippen streifen und klein zupfen. Zitrone auspressen. Den Grünkohl mit 1 EL Zitronensaft und ¼ TL Salz in eine Schüssel geben, mit den Händen gut durchkneten und ca. 30 Minuten ziehen lassen.

▶ Inzwischen Paprika putzen, waschen und würfeln. 1 Orange halbieren, aus einer Hälfte den Saft auspressen. Die übrige Orangenhälfte und die andere Orange so gründlich schälen, dass auch die weiße Haut entfernt wird. Die Filets aus den Trennhäuten herausschneiden, dabei den austretenden Saft auffangen.

▶ Für das Dressing den Orangensaft mit dem übrigen Zitronensaft, Tahin, Misopaste und Chilisauce cremig pürieren. Den Joghurt unterrühren und das Dressing mit Salz und Pfeffer würzen.

▶ Die Nüsse grob hacken. Paprika, Orangenfilets und Dressing unter den Grünkohl mischen. Den Salat mit den Nüssen bestreuen und den Feta darüberbröseln.

Tipp: Grünkohl ist einer der Toplieferanten für Vitamin C und liegt im Ranking noch weit vor Zitronen und Orangen. Und natürlich liefert er reichlich sekundäre Pflanzenstoffe, vor allem Senfölglykoside, die ihm nicht nur seinen leicht bitteren Geschmack verleihen, sondern auch eine krebshemmende Wirkung haben sollen.

Schnelle Gemüsegerichte

Ob zum Mitnehmen, als Vorspeise oder als zusätzliche Beilage für den großen Hunger: Diese drei Rezepte zeigen, wie unaufwendig die Gemüseküche sein kann – und wie wahnsinnig lecker. So macht das Punktesammeln Spaß.

Antipasti-Gemüse

Für 2 Personen
Zubereitung: ca. 25 Minuten
+ ca. 20 Minuten Wartezeit

Pro Portion ca. 250 kcal,
9 g EW, 17 g F, 18 g KH

Den Backofengrill vorheizen. 1 rote Paprikaschote halbieren, entkernen und waschen. Die Paprikahälften mit der Wölbung nach oben auf ein Blech legen und unter dem Backofengrill ca. 10 Minuten rösten, bis die Haut dunkel wird. Mit einem feuchten Küchentuch bedeckt auskühlen lassen.

Inzwischen 1 Fenchelknolle putzen, waschen und in Spalten schneiden. 200 g Champignons trocken abreiben und je nach Größe halbieren oder vierteln. 1 kleine Zucchini putzen, waschen, längs halbieren und in dünne Scheiben schneiden. Abgekühlte Paprika häuten und in ca. 1 cm breite Streifen schneiden.

In einer großen Pfanne 3 EL Olivenöl erhitzen, Fenchel und Paprika darin unter regelmäßigem Wenden ca. 5 Minuten anbraten und herausnehmen. Nun die Zucchini ebenfalls ca. 5 Minuten anbraten, dann herausnehmen. Dann die Pilze ca. 5 Minuten kräfig anbraten, dabei zwischendurch öfter wenden. Zuletzt 1 fein gewürfelte Knoblauchzehe und 2 TL gehackten Rosmarin dazugeben. Gemüse in eine flache Auflaufform geben, salzen und pfeffern.

In der Pfanne 1 TL Zucker schmelzen lassen. 25 ml Weißweinessig und 25 ml Wasser angießen, Karamell loskochen und 3–4 Minuten sanft köcheln lassen. Die Marinade über das Gemüse gießen und dieses dann mindestens 20 Minuten durchziehen lassen.

Das Gemüse hält sich in einem Vorratsglas im Kühlschrank mindestens 5 Tage. Es lohnt sich also, gleich eine größere Menge zuzubereiten.

Blumenkohl mit Nussbröseln

Für 2 Personen
Zubereitung: ca. 20 Minuten

Pro Portion ca. 245 kcal, 11 g EW, 18 g F, 9 g KH

1 kleinen Blumenkohl (ca. 700 g) putzen, waschen und in Röschen teilen. Blumenkohlstiel schälen und in Stücke schneiden. Alles in einen Dämpfeinsatz geben. Eine Handbreit Wasser in einen Topf geben und den Dämpfeinsatz hineinstellen. Den Blumenkohl zugedeckt bei mittlerer Hitze ca. 10 Minuten dämpfen. Inzwischen 25 g Haselnusskerne mit ½ TL edelsüßem Paprikapulver, ½ TL getrocknetem Oregano, Salz und Pfeffer im Blitzhacker grob zerkleinern. In einer Pfanne 2 EL Rapsöl erhitzen und die Nussbrösel darin unter Wenden goldbraun rösten. Den Blumenkohl mit den Nussbröseln servieren.

Zitronenzuckerschoten

Für 2 Personen
Zubereitung: ca. 15 Minuten

Pro Portion ca. 195 kcal,
10 g EW, 10 g F, 16 g KH

100 g TK-Edamame in kochendem Salzwasser ca. 2 Minuten garen. 200 g geputzte Zuckerschoten ca. 2 Minuten mitgaren. Abgießen, abschrecken und abtropfen lassen. 1 Frühlingszwiebel putzen, waschen und fein schneiden. 1 EL hellen Sesam in einer Pfanne ohne Fett rösten. Mit 1 TL abgeriebener Bio-Zitronenschale, Salz und Pfeffer mischen. In einer Pfanne 1 EL Olivenöl erhitzen und die Frühlingszwiebel darin kurz anbraten. Dann Edamame und Zuckerschoten dazugeben und 1–2 Minuten mitbraten. Zuletzt 2 TL Zitronensaft und den Sesam untermischen. Vor dem Servieren mit Salz abschmecken.

Schoko-Nuss-Kuchen mit Roter Bete

Süße Extras wie dieser Kuchen sind in kleinen Portionen völlig in Ordnung. Die Menge an pflanzlichen Zutaten pro Stück reicht zwar nicht aus, um Punkte zu sammeln. Doch der Kuchen enthält lauter gesunde Zutaten – und ist dank der Roten Bete wunderbar saftig.

Für ca. 8 Stücke
Zubereitung: ca. 20 Minuten
+ Backzeit: 35 Minuten

90 g Zartbitterschokolade (mind. 75 % Kakaoanteil)
200 g gegarte Rote Bete (vakuumverpackt)
3 Bio-Eier (Größe M)
5 EL Ahornsirup
3 EL Rapsöl
90 g gemahlene Walnüsse
1 TL Zimtpulver
1 knapper TL Backpulver
Salz
Fett und gemahlene Walnüsse für die Form
ungesüßtes Kakaopulver zum Bestäuben

Pro Stück ca. 220 kcal,
6 g EW, 17 g F, 12 g KH

▶ Den Backofen auf 180 °C (155 °C Umluft) vorheizen. Eine Springform (18 cm ø) einfetten und mit den gemahlenen Nüssen ausstreuen. Die Schokolade in Stücke brechen und über einem heißen Wasserbad schmelzen. Danach kurz abkühlen lassen.

▶ Die Rote Bete in grobe Stücke schneiden und im Mixer oder mit dem Stabmixer fein pürieren. Das Püree mit Eiern, Ahornsirup und Öl in eine Rührschüssel geben und mit den Schneebesen des Handrührgeräts gründlich verquirlen.

▶ Gemahlene Nüsse mit Zimt, Backpulver und 1 Prise Salz verrühren. Zu der Eiermasse geben und kurz unterrühren. Die geschmolzene Schokolade hinzufügen und ebenfalls kurz unterrühren. Den Teig in die Form füllen und im Ofen auf der mittleren Schiene ca. 35 Minuten backen (Stäbchenprobe machen). Den Kuchen aus dem Ofen nehmen und in der Form auskühlen lassen. Vor dem Servieren dünn mit Kakao bestäuben.

Tipp: Der Kuchen bleibt abgedeckt bis zu drei Tage saftig. Friert man die Stücke ein, halten sie sich mindestens 2 Monate. Bei Bedarf die Kuchenstücke über Nacht bei Zimmertemperatur auftauen lassen.

Schnelle Obstdesserts

Wenn das Obstpunkte-Konto mal nicht ausreichend gedeckt wird, können Sie als Nachtisch einfach eine Handvoll frische Früchte der Saison naschen – oder Sie probieren eines dieser schnellen fruchtigen Blitzrezepte.

Apfel mit Mandelmus

Für 2 Portionen
Zubereitung: ca. 10 Minuten

Pro Portion ca. 130 kcal,
2 g EW, 6 g F, 17 g KH

1 grünen Apfel (z. B. Granny Smith) waschen, vierteln, entkernen und in Spalten schneiden. Die Apfelspalten auf Tellern anrichten und mit Zimtpulver bestäuben. 2 EL dunkles Mandelmus mit 1 TL Zitronensaft, ½ TL Ahornsirup und 1 EL heißem Wasser glatt verrühren. Als Dip zu den Apfelspalten servieren.

Obstsalat mit Zimtcreme

Für 2 Portionen
Zubereitung: ca. 15 Minuten

Pro Portion ca. 275 kcal,
15 g EW, 8 g F, 35 g KH

Die Kerne aus ½ Granatapfel herauslösen. 1 Kiwi schälen, längs halbieren und in Scheiben schneiden. 1 reife Kaki (Sharonfrucht) schälen und klein würfeln. 1 kleinen Apfel waschen, vierteln, entkernen und klein schneiden. 2 EL Zitronensaft mit ½ TL Ahornsirup verrühren, das vorbereitete Obst und 1 EL geröstete Mandelstifte untermischen. 1 Becher körnigen Frischkäse (200 g) mit 1 TL Ahornsirup und ½ TL Zimtpulver im Mixer oder mit dem Stabmixer cremig pürieren. Den Obstsalat auf Schalen verteilen und die Zimtcreme darübergeben. Den Salat sofort genießen.

Erdbeerquark

Für 2 Portionen
Zubereitung: ca. 10 Minuten

Pro Portion ca. 140 kcal,
18 g EW, 1 g F, 13 g KH

150 g Erdbeeren putzen, waschen und je nach Größe halbieren oder vierteln. 1 Medjool-Dattel entsteinen und grob würfeln. Die Hälfte der Erdbeeren mit der Dattel pürieren. Das Püree in einem kleinen Topf aufkochen und dann ca. 4 Minuten sanft köcheln lassen. Kurz abkühlen lassen. 250 g Magerquark mit 1 TL Zitronensaft glatt rühren und das Erdbeerpüree unterrühren. Den Quark auf Schälchen verteilen, mit den übrigen Erdbeeren belegen. Nach Belieben mit Minze garnieren.

Bananen-Schoko-Pudding

Für 2 Portionen
Zubereitung: ca. 10 Minuten
+ ca. 15 MInuten Wartezeit

Pro Portion ca. 160 kcal,
4 g EW, 8 g F, 18 g KH

1 große reife Banane schälen und in Stücke schneiden. Mit 3 TL ungesüßtem Kakaopulver und 2 TL ungesüßtem Erdnussmus im Mixer oder mit dem Stabmixer cremig pürieren. Den Pudding auf Schälchen verteilen und ca. 15 Minuten kalt stellen. Vor dem Servieren 25 g Crème fraîche glatt rühren und auf den Pudding klecksen. Nach Belieben mit einem Sparschäler etwas Zartbitterschokolade (mind. 75 % Kakaoanteil) darüberhobeln und den Pudding mit Minze garnieren.

Melonenpizza

Für 2 Portionen
Zubereitung: ca. 15 Minuten

Pro Portion ca. 145 kcal,
8 g EW, 8 g F, 11 g KH

100 g griech. Joghurt (5 % Fett) mit **1 EL Zitronensaft, ½ TL abgeriebener Bio-Zitronenschale** und **1 TL Honig** glatt rühren. **20 g Mandelkerne** in einer kleinen Pfanne ohne Fett rösten, herausnehmen und hacken. **50 g gemischte Beeren** (z. B. Erdbeeren, Blaubeeren, Johannisbeeren) putzen und waschen. Die Erdbeeren je nach Größe halbieren oder vierteln. **1 Scheibe Wassermelone** (möglichst aus der Mitte einer großen Melone; ca. 2 cm dick) halbieren und auf einer Platte oder auf Tellern anrichten. Den Zitronenjoghurt auf die Melonenstücke geben und verstreichen. Mit den Beeren und Mandeln belegen und nach Belieben mit Minze garnieren.

Schlemmerbanane

Für 2 Portionen
Zubereitung: ca. 5 Minuten

Pro Portion ca. 135 kcal,
6 g EW, 7 g F, 17 g KH

1 große Banane schälen und der Länge nach halbieren. Jeweils **1 TL ungesüßtes Erdnussmus mit Stückchen** (Crunchy Erdnussmus) auf den Hälften verteilen. **10 g Zartbitterschokolade** (mind. 75 % Kakaoanteil) mit dem Sparschäler in Späne hobeln. Die Schokolade und **1 TL geschälte Hanfsamen** auf die Bananenhälften streuen. Die Schlemmerbananen nach Belieben mit Minze garnieren und sofort servieren.

Beeren mit Vanillesahne

Für 2 Portionen
Zubereitung: ca. 10 Minuten

Pro Portion ca. 185 kcal,
2 g EW, 16 g F, 9 g KH

100 g Schlagsahne mit ½ TL Ahornsirup und ½ TL Vanilleextrakt steif schlagen. 200 g gemischte Beeren (z. B. Himbeeren, Erdbeeren, Blaubeeren) putzen und waschen (alternativ TK-Beerenmix verwenden und leicht antauen lassen). Frische Erdbeeren je nach Größe halbieren oder vierteln. Die Beeren mit der Sahne anrichten und vor dem Servieren nach Belieben mit Minze garnieren.

Aprikosen-Kokos-Kugeln

Für 18 Stück
Zubereitung: ca. 15 Minuten

Pro Stück ca. 65 kcal,
2 g EW, 5 g F, 3 g KH

100 g getrocknete Softaprikosen klein würfeln. Je 50 g Walnuss- und Mandelkerne klein hacken. Mit 40 g Kokosraspeln in einem leistungsstarken Mixer pürieren, dabei eventuell noch etwas Wasser untermixen. Aus der Masse mit angefeuchteten Händen ca. 18 walnussgroße Kugeln formen. Nach Belieben in Kokosraspeln oder ungesüßtem Kakaopulver wälzen. In einer Dose luftdicht verpacken und kühl lagern. Die Kugeln halten sich ca. 2 Wochen und eignen sich prima als gesunder Snack.

Rezeptregister

HINWEIS

ZUR AUTORIN

Dr. med. Silja Schäfer ist Ärztin für Allgemeinmedizin und Ernährungsmedizin und führt eine Schwerpunktpraxis für Diabetes und Ernährung in Kiel. Als ehemalige Leistungssportlerin und Trainerin interessierte sie sich schon früh für gesunde Ernährung. Jetzt als Hausärztin liegt es ihr am Herzen, eine gesunde und gesunderhaltende Ernährungsweise für alle zu ermöglichen. Seit Januar 2020 ergänzt sie das Team der beliebten Ernährungs-Docs im NDR.

Weitere Bücher der Autorin:

- Mein grünes Familienkochbuch
- Abnehmen trotz 1000 Ausreden
- Zuckerfrei gesünder leben (Die Ernährungs-Docs)
- Starkes Herz (Die Ernährungs-Docs)
- Unsere-Anti-Krebs-Strategie (Die Ernährungs-Docs)
- Unser Anti-Bauchfett-Programm (Die Ernährungs-Docs)
- weitere Bücher der Ernährungs-Docs

IMPRESSUM

Hinter jedem tollen Buch steckt ein starkes Team

Projektleitung: *Kathrin Ullerich, Simone Bauer*
Texte: *Franziska Pfeiffer*
Rezepte: *Inga Pfannebecker*
Lektorat: *Sylvie Hinderberger*
Korrektorat: *Christian Wolf*
Cover und grafische Gestaltung: *Ina Zimmermann*
Satz: *Ina Zimmermann, Christopher Hammond*
Foodfotografie: *Julia Hoersch (andere siehe Bildnachweis)*
Foodstyling: *Adam Koor*
Illustrationen: *Shutterstock*
Porträtfotos: *Claudia Timmann*
Herstellung: *Frank Jansen*
Producing: *Jan Russok*
Druck & Bindung: *aprinta druck GmbH, Wemding*

2. Auflage 2024

Kaiserstraße 14 b
D-80801 München
ISBN: 978-3-96584-465-0

BILDNACHWEIS

Shutterstock: S. 8, 12, 18, 19, 20, 21, 22, 23, 24, 25, 26, 27, 28, 29, 30, 37, 39

LIEBE LESER, LIEBE LESERINNEN

wie schön, dass Sie ein Buch von ZS in den Händen halten. „Jetzt leben!" ist das Motto unseres Verlages. Es steht für Genuss und Inspiration, Unterstützung und Motivation. Ob Kulinarik oder Fitness, Gesundheit oder Lebenshilfe – seit über 30 Jahren bieten wir kompetente Ratgeber für (fast) alle Lebenslagen. Wir lieben Tradition genauso wie Innovation – sie treiben uns an. Unsere Autorinnen und Autoren sind Menschen, die zu ihrem Thema wirklich etwas zu sagen und zu schreiben haben. Unsere Produkte sind erzählerisch, appetitmachend und als gedruckte Bücher haptisch echte Erlebnisse. Für Sie mit ganz viel Liebe gemacht! Entdecken Sie mehr aus unserer wunderbaren Welt!

UNSER VERLAGSHAUS

Mit Standorten in Hamburg und München zählt die Edel Verlagsgruppe zu den größten unabhängigen Buchanbietern Deutschlands. Zur Gruppe gehören die Verlage Dr. Oetker Verlag, Edel Sports, KARIBU und ZS.

ZS - Ein Verlag der Edel Verlagsgruppe
www.zsverlag.de
www.facebook.com/zsverlag
www.instagram.com/zsverlag

FÜR DIE UMWELT

ZS unterstützt bei der Produktion dieses Buches das Projekt „Junge Riesen für die nächsten 100 Jahre" im Naturpark Nossentiner/Schwinzer Heide. Damit wird ein Anteil der unvermeidbaren CO_2-Emissionen im direkten Umfeld des Produktionsstandortes kompensiert.

PARTNER
Naturpark Nossentiner / Schwinzer Heide
www.optimal-media.com/naturschutzprojekt-001

NEWSLETTER

Was koche ich heute Feines? Und wie geht das – schmackhaft und gesund?

Melden Sie sich jetzt zum ZS-Genuss-Service an und verpassen Sie keine kulinarischen und gesundheitlichen Trends mehr.
Wir informieren Sie regelmäßig über unsere Neuerscheinungen, Aktionen oder Gewinnspiele und verraten Ihnen unsere Lieblingsrezepte!

GEWINNEN

Unter allen Neuabonnierenden verlosen wir jeden Monat eine *ZS-Genuss-Box* im Wert von 75,00 €.

Jetzt anmelden unter:
www.zsverlag.de/newsletter

oder den QR Code scannen:

ANMELDEN!